NIKSEN

NIKSEN

Wie
man
Glück
im
Nichtstun
findet

Annette Lavrijsen

Aus dem Englischen von Wiebke Krabbe

KNESEBECK

INHALT

Vorwort   6

① Glückliche Niederländer   12

② Mut zur Faulheit   28

③ Neue Prioritäten   46

④ Niksen im Alltag   58

⑤ Überall niksen   76

⑥ Niksen nur für dich   102

⑦ Ein Leben lang niksen   122

Schlussbemerkung   140

Weitere Informationen   142

Die Autorin / Dank   143

VORWORT

Was ist Niksen, und warum ist es gut?

Stell dir vor, du müsstest nicht jede Minute optimal ausnutzen, sondern könntest deine Zeit mit Dingen verbringen, die dir wirklich wichtig sind. Nicht alles, was du tust, müsste einem Zweck dienen, und du könntest ab und zu einfach gar nichts tun. Genau dies kultivieren die Niederländer, und sie nennen es *niksen*.

Erschöpft? Gestresst? Überfordert? Viel zu volle To-do-Listen? Dann solltest du den Druck von außen abschütteln und das innere Chaos zur Ruhe kommen lassen. Niksen ist die Antwort auf unsere Zeitkultur, in der wir immer erreichbar, immer »im Dienst« sind. Finde heraus, was dir wirklich wichtig ist, und auch, worauf du weniger Kraft verwenden könntest.

Bei dieser Suche ist dieses Buch dein Begleiter. Es möchte dir helfen, deine eigenen Prioritäten zu finden und aus der Produktivitäts-Tretmühle auszusteigen – selbst wenn du glaubst, gar keine Zeit zu haben. Du kannst lernen, all die Dinge einzudämmen oder ganz zu beseitigen, die dich daran hindern, entspanntes Nichtstun zu genießen.

In Kapitel 1 erfährst du einiges über die Niederländer und darüber, was wir von ihrer bemerkenswerten Work-Life-Balance lernen können. Wenn du glaubst, keine Zeit zum Nichtstun zu haben, findest du in Kapitel 2 und 3 Strategien, um deine Prioritäten neu zu ordnen. In Kapitel 4 und 5 geht es um Zeitmanagement und darum, wie du dir Raum zum Nichtstun schaffen kannst. In Kapitel 6 und 7 betrachten wir genauer, wie sich Niksen auf deine Work-Life-Balance, auf das Familienleben und letztlich auf deine Gesundheit auswirken kann.

Nichtstun ist intuitiv und individuell, darum wirst du hier keine »Anleitung« finden. Es geht darum, das eigene Wohlbefinden wichtig zu nehmen. Mit Meditationsübungen, praktischen Tipps und beruhigenden Aktivitäten möchte dieses Buch dir helfen, Niksen als neuen Lifestyle zu entdecken.

Niksen stärkt die Kreativität und die Konzentration, wirkt sich positiv auf deine zwischenmenschlichen Beziehungen aus und hilft dir, ein ruhigerer, zufriedenerer Mensch zu werden – so wie die Niederländer.

Achtsamkeit neu interpretiert

Ist Niksen nur ein anderes Wort für Achtsamkeit? Nicht ganz. Vielleicht hast du schon einen Achtsamkeitskurs besucht oder dir zu Hause ein Refugium mit Kissen und Duftkerzen geschaffen. Und – hat es gewirkt? Die meisten Menschen geben auf, bevor die Erleuchtung auch nur in Sichtweite kommt. Achtsamkeit zu lernen erfordert aktive Arbeit und Durchhaltevermögen. Niksen ist längst nicht so kompliziert.

Du brauchst weder deine steifen Beine in den Lotussitz zu zwingen noch deine Gedanken am Abschweifen zu hindern (was bei manchen Menschen der Normalzustand ist). Du sollst dir nur erlauben, einen Moment lang nichts zu tun, kein Ziel und keinen Zweck zu verfolgen. Dann wird es richtig interessant. Niksen kann auch eine Beschäftigung sein, die dir guttut und deinen Geist von den Alltagssorgen ablenkt. Dafür musst du weder Kopf noch Körper anstrengen, und du brauchst dazu auch keine anderen Menschen.

Dem ungeübten Blick mag das wie Faulheit erscheinen, vielleicht sogar wie antisoziales Verhalten. Doch es profitieren Kreativität und Selbstbewusstsein, die Selbstwahrnehmung verbessert sich und Anspannung wird abgebaut. Insofern ist Nichtstun ebenso erholsam wie Achtsamkeit – aber weniger anstrengend. Wenn du Geist und Körper regelmäßig Zeit gibst, um auszuruhen und aufzutanken, wirst du nach einer Weile ausgeglichener werden. Das wirkt sich aus – bei der Kindererziehung, bei der Arbeit, in Freundschaften.

Warum wir alle niksen sollten

Der Erfolg von Niksen zeigt sich weder auf dem Bankkonto noch an der Figur oder im sozialen Netzwerk. Immer mehr Studien zeigen aber, dass Nichtstun sich positiv auf die Produktivität, die Kreativität, die Gesundheit und das Wohlergehen auswirkt.

- **Mehr Energie**
  Wer sich geistig erschöpft fühlt, kann nicht produktiv sein. Rechtzeitige Pausen sind wichtig, damit Körper und Geist wieder auftanken können.

- **Bessere Gesundheit**
  Mit regelmäßigen Pausen vermeidest du, dass dir Energie und Konzentration ausgehen. So beugst du einem Burn-out oder anderen Problemen vor.

- **Glücklicheres Familienleben**
  Weil du mehr Energie für das Privatleben hast, kannst du besser auf deine Familie eingehen. Kinder merken sehr genau, wenn Eltern gestresst und geistesabwesend sind.

- **Geistige Gesundheit**
  Wer immer busy ist, verlernt mit der Zeit, stillzusitzen und seinen Gedanken nachzuhängen. Eine Untersuchung des niederländischen Donders Institute legt nahe, dass darunter Denkvermögen, Konzentrationsfähigkeit und Gedächtnis leiden können. Das Gehirn braucht Pausen, um gesund zu bleiben und bereits vorhandene Schäden zu reparieren.

☼ **Mehr Effizienz**
Wenn sich die Konzentrationsfähigkeit verbessert, kannst du Aufgaben effizienter erledigen.

☼ **Bessere Selbstwahrnehmung**
Entrümple deinen Terminkalender. Verschwende keine Zeit und Energie für Unwichtiges. Du wirst lernen zu erkennen, welche Dinge dir (wirklich) wichtig sind.

☼ **Geistesblitze**
Wenn der Geist Alltagsangelegenheiten loslassen kann, sind wir imstande, andere Probleme und Fragestellungen klarer und mit Abstand zu betrachten. Dadurch sind wir einfallsreicher und können kreative Ideen und Lösungen entwickeln.

☼ **Mehr Zeit für langfristige Ziele**
2012 wurden im Wissenschaftsjournal *Consciousness and Cognition* Forschungsergebnisse veröffentlicht, die besagen, dass wir 14-mal häufiger über langfristige Ziele nachdenken, wenn wir die Gedanken schweifen lassen. Niksen kann also bei der Zukunftsplanung helfen.

☼ **Besser schlafen**
Wer ständig auf Empfang ist und immer sofort auf E-Mails und Textnachrichten antwortet, kann sich nicht entspannen und kommt auch abends nicht zur Ruhe. Gönnt man sich tagsüber mehr Ruhepausen, sinkt das Stresslevel. Das wirkt sich günstig auf die Schlafqualität aus.

GLÜCKLICHE NIEDER-LÄNDER

Mit etwa 41 000 Quadratkilometern Fläche sind die Niederlande eines der kleinsten Länder Europas. Auf der Liste der »glücklichsten Länder« steht es regelmäßig weit oben. Was machen die Niederländer richtig?

Die Niederländer und Niksen

Relativ geringe Einkommensunterschiede, ein hoher Lebensstandard und ein stabiles politisches Klima tragen dazu bei, dass die Niederländer ein zufriedenes Volk sind. Ein weiterer Grund liegt vermutlich darin, dass es ihnen gelingt, eine gute Ausgewogenheit zwischen Beruf, Freizeit und Kindererziehung herzustellen. 2019 standen die Niederlande auf dem Better Life Index in Bezug auf die Work-Life-Balance in den OECD[1]-Ländern an erster Stelle, also noch vor den skandinavischen Staaten.

	NL	OECD
% Beschäftigte mit 50+ Stunden	0,4	11
	NL	**EU**
Durchschnittl. Wochenarbeitszeit	29,3	36,2
% Frauen in Teilzeit	73,8	32,3
% Männer in Teilzeit	27,4	9,8

Quelle: stats.oecd.org

Gesund, kreativ und glücklich kann man nur sein, wenn man sich Zeit zum Herunterschalten nimmt, Pausen macht und gut für sich sorgt. Und da kommt Niksen ins Spiel.

---

1   Organisation for Economic Co-operation and Development: www.oecd.org/countries

Ein Volk von Niksern?

In den Niederlanden war der Begriff *niksen* lange negativ belegt. Wer nikste, also nichts Sinnvolles tat, galt als faul und nutzlos (siehe Seite 18). Vielleicht liegt es an traditionellen calvinistischen Werten – harte Arbeit, Erwerb von Vermögen und Sparsamkeit –, die früher in den Niederlanden hochgehalten wurden und schließlich als »typisch niederländisch« galten. Von Kindheit an lernen die Niederländer, hart zu arbeiten und produktiv zu sein. Es wird erwartet, dass sie sich auch in der Freizeit nützlich machen, etwa indem sie im Haushalt helfen, Kurse besuchen oder Ehrenämter übernehmen.[2]

Dass Niksen heute neu interpretiert und als positiv betrachtet wird, hat zweifellos damit zu tun, dass sich unser Leben verändert hat. Unsere Welt ist schnelllebiger und lauter als je zuvor, wir sind gleichzeitig besser vernetzt, aber auch stärker isoliert. Es ist schwierig, abzuschalten und offline zu gehen. Selbstverständlich sind diese Stressfaktoren auch an den Niederlanden nicht spurlos vorübergegangen. Und gerade darum sind diese Momente des Nichtstuns so wichtig und notwendig.

---

2   Dem World Happiness Report zufolge haben 35,6 % der Niederländer angegeben, im vorherigen Monat eine ehrenamtliche Tätigkeit ausgeübt zu haben.

Was bedeutet das Wort?

Im wichtigsten Wörterbuch der niederländischen Sprache, dem *Van Dale*, findet sich unter dem Stichwort *niksen* lediglich »nichts tun«. Das unbestimmte Pronomen *niks* war schon im 18. Jahrhundert geläufig, aber das Verb *niksen* hat sich wahrscheinlich erst in den 1920er-Jahren im umgangssprachlichen Gebrauch entwickelt.

Jemand, der nichts tut, wird als *niksnut* bezeichnet. Das bedeutet (ernst gemeint oder im Spaß), dass die Person zu nichts nütze ist (dt. Nichtsnutz). Neuerdings ist auch dieses Wort positiv belegt. Man rümpft in den Niederlanden nicht mehr automatisch die Nase, wenn jemand seine Zeit vertrödelt.

Das Wort *niksen* wird auch in Kombinationen verwendet, etwa *zitten (te) niksen* (besonders geläufig), *staan (te) niksen* oder *lopen (te) niksen*. Das bedeutet, dass man im Sitzen, Stehen oder Gehen niksen kann. Die Krönung ist natürlich *liggen (te) niksen*, also niksen im Liegen – im Bett, auf dem Sofa, im Gras usw.

Damals ...

Wenn ich als Kind nach der Schule auf dem Sofa lümmelte, schimpften meine Eltern und gaben mir eine Aufgabe. Sie fanden, Niksen sei sinnlose Zeitverschwendung, also etwas, das man sich höchstens sonntags oder zu Weihnachten erlaubte. Ich sah das ganz anders und verkrümelte mich bei jeder Gelegenheit in den Wald hinter unserem Haus. Ich durchpflügte die Laubschicht am Boden mit den Füßen, kletterte auf Bäume und saß auf Ästen oder legte mich flach auf den Rücken und schaute den Libellen, Vögeln und Wolken zu. Ich ließ die Gedanken treiben und vergaß die Zeit.

Jetzt, als Erwachsene, spüre ich noch immer den Druck, meine freie Zeit mit sinnvollem, zielorientiertem Handeln zu füllen. Selbst meine Freizeitbeschäftigungen erfordern Aufmerksamkeit und Energie. Aber ich wäre nicht in der Lage, alle diese Bälle in der Luft zu halten, wenn ich mir nicht diese Momente nehmen würde, für die meine Eltern mit mir geschimpft haben: Momente, um mit mir und meinen Gedanken allein zu sein.

Niksen lernen

Klären wir zuerst das Wichtigste. Was genau ist Niksen? Wo, wie und wann kann man ihm nachgehen?

Was

Niksen bedeutet wörtlich »nichts tun«, nicht mehr und nicht weniger. Gemeint sind jene kurzen Momente im Leben, in denen wir den Pause-Button drücken, uns aus beruflichen und sozialen Verpflichtungen zurückziehen und uns erlauben, einfach untätig zu sein – ohne schlechtes Gewissen und ohne Gedanken an all die Dinge, die wir eigentlich tun müssten. Dafür braucht man keine besonderen Fähigkeiten. Niksen kann jeder. Mit Schlafen hat Niksen eigentlich nichts zu tun. Dafür gibt es aus gutem Grund ein eigenes Verb (*slapen*). Allerdings kann eins zum anderen führen, und wenn dir danach zumute ist, die Augen zu schließen, tu es ruhig.

Wenn dir so viel Nichtstun unheimlich ist, findest du auf den Seiten 30 bis 45 einige interessante Wahrheiten, die deine Zweifel vertreiben werden.

Dauerfernsehen ist keine Lösung

Es mag wie Niksen erscheinen, wenn man mehrere Folgen der Lieblingsserie nacheinander anschaut. Dieses sogenannte *binge watching* (dt. Komaglotzen) kann aber Stress, Nervosität und Depressionen fördern. Beim Dauerfernsehen schüttet das Gehirn Dopamin aus. Dieser Stoff ist auch am Suchtverhalten beteiligt. Das erklärt, warum wir nach der letzten Folge einer Serie oft enttäuscht oder niedergeschlagen sind. Entscheide lieber vorher, wie viele Folgen du dir anschauen willst. Stell dir einen Wecker!

Wo

Ideal ist ein ruhiger Platz, etwa eine Bank in Garten, Park oder Wald, ein Wellnessbad, ein ruhiger Raum am Arbeitsplatz oder zu Hause (siehe Seite 83). Daheim kannst du Musik einschalten, in die Badewanne steigen oder dich aufs Sofa legen. Schaff dir eine *gezellige* Atmosphäre (siehe Seite 22). Ist kein solcher Platz verfügbar, unternimm eine Fantasiereise an einen schönen Ort.

Einladende Atmosphäre

Gezelligheid ist das niederländische Gegenstück zu *hygge*, dem dänischen Begriff für eine gemütliche, warme, wohltuende Atmosphäre. Einen Unterschied gibt es aber. Hygge meint die Gemütlichkeit der eigenen vier Wände und hat auch mit Rückzug zu tun. *Gezelligheid* leitet sich von dem Wort *gezel* (Gefährte) ab und bezieht ausdrücklich andere Menschen ein. Es kann für ein fröhliches Beisammensein mit Freunden, für eine umgängliche Person oder – im Sinne von Niksen – für ein einladendes Ambiente stehen.

ÜBUNG

GEZELLIGHEID SCHAFFEN

Wenn wir Gäste erwarten, geben wir uns Mühe,
eine einladende Atmosphäre zu schaffen.
Warum sollten wir das nicht auch für uns selbst tun?

Gedämpftes Licht, ein paar Kerzen und die Lieblingsmusik
schaffen den richtigen Rahmen zum Niksen und dafür,
die Gesellschaft seiner selbst zu genießen.

Wie

Kannst du ohne Außenreize schlecht abschalten? Dann tu etwas, aber nur als motorische Beschäftigung. Wenn du es schaffst, die Zeit zu vergessen, kannst du dabei in einen Flow geraten und die Alltagssorgen hinter dir lassen.

- Ein entspannter Spaziergang in der Natur, ohne Uhr und Handy, kann beim Abschalten helfen (siehe Seite 88).

- Halb automatische Tätigkeiten beschäftigen Hände und Geist mit etwas anderem als der Arbeit (siehe Seite 129).

Wann

Niksen entfaltet sein wahres Potenzial in den kleinen Pausen im Alltag. Wenn Wochenenden und Urlaub deine einzigen Gelegenheiten zum Abschalten sind, setzt du dich zu stark unter Druck. Wenig und oft ist das Geheimnis. Es ist wichtig, Niksen in die alltäglichen Routinen einzubauen, am Arbeitsplatz (siehe Seite 84) oder zu Hause (siehe Seite 78).

Plane ganz bewusst täglich eine Pause von fünf Minuten ein (ja, ohne Handy), die du allmählich auf 30 Minuten (siehe Seite 69), eine Stunde oder sogar einen Nachmittag ausdehnst. Diese Zeit gehört dir ganz allein. Und vergiss nicht: Es ist völlig in Ordnung, manchmal einfach gar nichts zu tun.

(ÜBUNG)

NIKST DU SCHON?

Wenn du dir nicht sicher bist, ob du nikst, stelle dir folgende drei Fragen:

Tue ich etwas Nützliches oder Produktives?
Tue ich es, um meinen Chef oder Geschäftspartner zu beeindrucken?
Hat es direkten Nutzen für meine sozialen Beziehungen?

Wenn du immerhin **eine der Fragen mit Nein** beantwortest, nikst du womöglich. Um sicherzugehen, schaue dir die folgenden Aussagen an:

―――――

Es kostet mich keine körperliche oder geistige Anstrengung, und danach fühle ich mich ruhiger und entspannter.

Ich habe komplett abgeschaltet und denke nicht an all das (Nützliche), das ich stattdessen tun sollte.

Wenn mich jetzt jemand sieht und mich für faul hält, macht mir das nichts aus.

Wenn alle **drei Aussagen zutreffen**, ist es sogar sehr wahrscheinlich, dass du nikst. Wenn nicht, denke an Momente, in denen die Aussagen zutrafen. Fallen dir keine ein? Dann hast du das richtige Buch in der Hand.

DAS NIKSEN-MANIFEST

1

Ich will das Nichtstun wichtig nehmen,
weil ich weiß, dass es mir hilft, kreativer, produktiver,
zufriedener und gesünder zu werden.

2

Ich will mir erlauben, nichts zu tun,
selbst wenn ich in solchen Momenten unproduktiv
oder antisozial bin. Ich werde auf niemanden hören –
weder Freunde, noch Kollegen oder die innere Stimme –,
der oder die mir einreden will, Nichtstun bedeute,
faul oder selbstsüchtig zu sein.

3

Ich will mir täglich Zeit zum Nichtstun nehmen und meine Zeit besser managen, um mir solche Auszeiten im Kalender und im Geist zu schaffen.

4

Ich will Momente des Nichtstuns in mein Berufs- und Privatleben integrieren und mich darauf einlassen, dass Niksen mein Leben verändern kann.

5

Ich will mir Nichtstun zur Lebensgewohnheit machen, mir Zeit für aktive und passive Entspannung und für nicht-zielorientierte Tätigkeiten nehmen, damit meine Gedanken wandern können.

MUT ZUR FAULHEIT

Zuerst mag sich das Nichtstun einfach anfühlen, aber wenn man es ernsthaft in die täglichen Routinen integriert, kann es komplizierter werden. Was hindert uns daran, Auszeiten zum Entspannen und Auftanken zu nehmen? Wer versteht, warum ihm Nichtstun so schwerfällt, kann mithilfe dieses Buches allmählich lernen, bewusst Pausen zu machen und dadurch mehr Ausgeglichenheit zu finden.

Faule Ausreden

*Ich habe zu viel Arbeit … Ich kann nicht abschalten …
Ich kann meine Freunde nicht enttäuschen … Ich kann nicht …*
Uns fallen immer neue Ausreden ein. Warum erlauben wir
uns nicht einfach, ab und zu ein bisschen Nichtstun zu
genießen, zumal diese Momente uns guttun und langfristig
dabei helfen, unsere Ziele leichter zu erreichen? Schauen wir
uns genauer an, was uns am heilsamen Nichtstun hindert.

Niederländische Großzügigkeit

Gunnen ist selbstlos. Es bedeutet, jemandem Gutes
zu wünschen, ohne eine Gegenleistung zu erwarten –
vor allem, wenn die Person es verdient hat.
(*Het is je van harte gegund* bedeutet sinngemäß
»Ich gönne es dir von Herzen«). Lies auf Seite 34,
wie du das Gönnen üben kannst.

Gönnen soll dir guttun. Wenn du stattdessen Stress
empfindest, bist du vielleicht zu großzügig. Lege in
Bezug auf Großzügigkeit deine eigenen Maßstäbe an,
und vergiss dabei nicht, auch zu dir selbst großzügig
zu sein. In den Niederlanden sagt man über gestresste
Menschen, dass sie *zich geen rust gunnen* (sich keine
Ruhe gönnen). Die Großzügigkeit, die du anderen
gegenüber an den Tag legst, hast du auch selbst verdient. Gönn dir Pausen!

Irrtum 1: Ich habe zu viel zu tun

Viel zu tun zu haben wird mit Erfolg gleichgesetzt. Wir haben von Kindheit an gelernt, dass nur durch harte Arbeit gesellschaftlicher Aufstieg oder wirtschaftlicher Erfolg zu erreichen sind.

Wenn eine Stimme im Kopf nach einer langsameren Gangart verlangt, wird sie mit einem »Geht nicht, ich habe zu viel zu tun« zum Schweigen gebracht. Glaubst du wirklich, dass du nicht genug Zeit für ein paar kleine Pausen hast? Wahrscheinlich meinst du doch, dass du die Zeit lieber sinnvoll nutzen willst, statt sie ziellos zu verplempern. Du befürchtest, deine Produktivität könnte unter dem Nichtstun leiden. Immerhin ist Zeit ein wertvolles Kapital, das man klug investieren muss.

Aber wie investiert man Zeit klug? Wenn du immer neue Aufträge und Einladungen annimmst, geht das auf Kosten deiner Zeit zum Ausruhen, und das kann langfristig zu Gesundheitsschäden führen. Natürlich braucht man Mut, um die Bremse zu ziehen. Immerhin muss man sich selbst und den anderen eingestehen, dass man kein Superheld ist, der alles schaffen kann. Wenn aber alles gleich wichtig erscheint, ist es schwierig, Aufgaben von der To-do-Liste zu streichen, um Auszeiten zu gewinnen. Die folgende Übung kann dabei helfen.

(ÜBUNG)

NUTZT DU DEINE ZEIT RICHTIG?

Stelle dir vor, die Woche hätte nicht sieben, sondern acht Tage.

*Welche Aktivitäten – beruflich und privat –
würdest du dir zusätzlich vornehmen?
Welche neuen Pläne würdest du verfolgen?*

Deine Antworten verraten etwas über Dinge, die dir wichtig sind,
für die du aber aktuell keine Zeit findest.

———

Nehmen wir jetzt an, die Woche hätte nur sechs Tage.

Damit wird deine Zeit plötzlich wertvoller.

*Welchen Aktivitäten würdest du Vorrang geben?
Für welche Lebensbereiche würdest du weniger Zeit aufwenden?*

Stelle dir diese Fragen immer mal wieder, um zu überprüfen,
ob du deine Zeit in Dinge investierst, die dir wichtig sind,
und ob du genug Zeit mit Nichtstun verbringst.

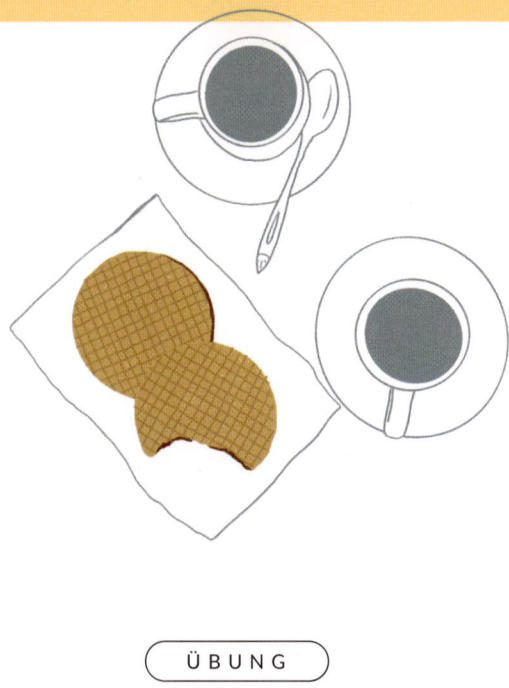

ÜBUNG

WEITERGEBEN

Psychologen haben herausgefunden, dass wir zu anderen Menschen freundlicher sind, wenn wir selbst freundlich behandelt werden. So entsteht ein Dominoeffekt. Auch Großzügigkeit und die Dankbarkeit, die wir für Freundlichkeit ernten, heben die Stimmung und helfen, eingefahrene Denkmuster zu durchbrechen. Wir sollten unsere Grenzen kennen und uns selbst nicht weniger wichtig nehmen als die anderen.

Die folgenden Strategien helfen, das richtige Maß zu finden:

①
Versuche, bewusst wahrzunehmen,
wenn sich andere dir gegenüber großzügig verhalten.

②
Nutze Gelegenheiten, großzügig zu sein –
aber nach deinen Spielregeln. Die Konzertkarte nicht verkaufen,
sondern einem Freund schenken. Das interessante Projekt
der Kollegin überlassen, um Luft im Terminkalender zu gewinnen.

③
Gib nur so viel, wie du wirklich kannst. Wenn ein Gefallen auf Kosten
deiner persönlichen Zeit geht, darfst du Nein sagen.

④
Wenn dir jemand Hilfe anbietet, nimm sie an.
Statt zu sagen »Das schaffe ich allein« oder
»Das ist doch nicht nötig«, bedanke dich mit einem Lächeln.

Führe diese Übung mindestens eine Woche lang täglich durch.
Zähle mit, wie oft du für Großzügigkeit ein Lächeln erntest.

Irrtum 2: Nichtstun ist Faulheit

Wie oft tust du mehrere Dinge gleichzeitig? Fahrt zur Arbeit, E-Mails, Textnachrichten, Anrufe, Konferenzen, Beruf, Haushalt … Wann bist du nicht online? Und wie viel schaffst du bei alledem tatsächlich? Unsere Welt ist enorm schnelllebig, und wir sind besser vernetzt als je zuvor. Da scheint Nichtstun eine unverzeihliche Sünde zu sein. Wir haben offenbar verlernt, einfach still unseren Gedanken nachzuhängen.

Dabei vermissen wir das Nichtstun. Achtsamkeitskurse, Retreats und Sabbaticals stehen hoch im Kurs. Zweifellos haben solche Maßnahmen ihren Nutzen. Wir fühlen uns danach erfrischt und steuern unsere Ziele motivierter an. Aber wie lange hält die Wirkung an?

Nichtstun sollte nicht die Ausnahme sein, sondern eine langfristige Lösungsstrategie. Es ist die Medizin gegen den Irrsinn der Welt, es beruhigt den Geist und bringt Klarheit. Wir sind nicht emsiger, aber produktiver. Es zwingt zum Innehalten und hilft beim neuen Start. Wir alle brauchen täglich Pausen. Wir müssen anfangen, Nein zu sagen. Und wir müssen verstehen, dass Zeit nicht Geld ist. Deine Zeit gehört nur dir.

ÜBUNG

KEINE AUSREDEN MEHR

Ich muss rund um die Uhr erreichbar sein … Ich habe zu viel Verantwortung und kann mir keine Faulheit leisten … Ich riskiere eine Kündigung …
Wenn die Ausreden hartnäckig sind, mach es wie die Wikinger:
Verabschiede die Vorwände mit einem Ritual.
Du brauchst dafür eine Kerze, eine feuerfeste Schüssel, eine Schachtel Streichhölzer, ein Stück Palo Santo (»heiliges Holz«), Stift und Papier.

SCHRITT ① Die Kerze in die Schüssel stellen und anzünden. Das Holzstäbchen anzünden und schwenken, um den duftenden Rauch im Raum zu verteilen. Der Duft soll negative Energien neutralisieren.

SCHRITT ② Schreibe alle Ausreden und Vorwände auf, die dich am Nichtstun hindern.

SCHRITT ③ Nun das Papier zusammenfalten, mit beiden Händen festhalten und die Augen schließen.

SCHRITT ④ Verabschiede dich ausdrücklich von deinen Ausreden (sollen sie doch jemand anderen plagen). Dann das Papier an die Kerzenflamme halten und verbrennen.

SCHRITT ⑤ Das Palo-Santo-Stäbchen nochmals anzünden. Stelle dir vor, wie der Rauch die Energie der Ausreden neutralisiert und deine Stimmung hebt.

Das kommt dir etwas albern vor? Die Wirkung von Ritualen liegt aber in ihrer Symbolkraft. Du hast nun kein Recht mehr, diese Ausreden zu benutzen. Bei Bedarf kannst du das Ritual wiederholen.

(ÜBUNG)

ES TUT MIR (NICHT) LEID

Wenn wir nicht produktiv sind, haben wir Schuldgefühle.

Ich habe mich falsch verhalten, denn ich habe heute Morgen nur gefrühstückt, auf Instagram gestöbert und aus dem Fenster geschaut.

Ich habe versagt, denn der Bericht, den ich diese Woche abgeben soll, ist noch nicht fertig.

Wir machen uns Vorwürfe, obwohl die Welt nicht untergeht. Eine Pause zum Nichtstun ist kein Verbrechen. Schreibe das Drehbuch einfach neu. Überlege dir Gründe für das Nichtstun, die kein schlechtes Gewissen auslösen.

Ich habe nichts falsch gemacht, sondern auf meinen Körper gehört, der dringend eine Pause brauchte.

Ich musste die Sache mit Abstand betrachten. Durch eine Pause habe ich Klarheit gewonnen.

 **IRRTUM 3**

Ich kann keine Pausen machen, weil andere mich brauchen.

Frage dich: Warum ist es so wichtig, was andere von dir denken? Hast du Angst, dass sie enttäuscht sind oder dich für einen schlechten, selbstsüchtigen Menschen halten?

Wir haben von Kindheit an gelernt, dass wir an andere denken sollen und dass es egoistisch ist, zuerst für die eigenen Bedürfnisse zu sorgen. Wer aber ständig seine freie Zeit für andere hergibt, lebt wie die Kerze, die an beiden Enden brennt. Langfristig bleibt dann nichts zum Geben übrig.

Gebraucht zu werden heißt, für andere wichtig zu sein. Das wünscht sich wohl jeder. Aber denk mal an die Sicherheitseinweisung im Flugzeug: Du kannst anderen nur helfen, wenn du zuerst die eigene Sauerstoffmaske aufsetzt. Du bist für niemanden nützlich, wenn deine Energie restlos verbraucht ist. Ja, unterstütze andere, aber sorge zuerst für dich. Der Wunsch, gebraucht zu werden, darf nicht zu Energieverschwendung führen. Die wichtigste Person, der deine Energie zugutekommen sollte, bist du selbst.

ÜBUNG

ERINNERST DU DICH?

Wann hast du zuletzt Ja gesagt, obwohl du es nicht wolltest – aber das Neinsagen fiel dir zu schwer?

Warum war das Neinsagen schwierig? Sei ehrlich mit dir selbst.

Was hättest du im Rückblick anders machen können?

Welche Konsequenzen hätte es gehabt, Nein zu sagen?

Positive Verstärkung

Eine Verstärkung ist eine Aussage – gedacht, geschrieben oder ausgesprochen –, durch die du dich selbst zum Handeln ermutigen kannst. Auch Nichtstun ist Handeln. Wir verstärken ständig, im Gespräch mit anderen und in Gedanken, aber leider neigen wir zu oft dazu, negative Gedanken zu verstärken. Das ist Selbstsabotage:

Nichtstun bringt mich beruflich nicht voran …
Ich bin ein schrecklicher Faulpelz …
Passivität ist schlecht …

Wer negative Verstärkungen oft genug wiederholt, glaubt sie am Ende. Schreibe den Dialog neu. Positive Verstärkungen heben das Selbstwertgefühl:

Ich höre auf meinen Körper, wenn er müde ist …
Wenn ich jetzt pausiere, bin ich nachher produktiver …
Nichtstun ist in Ordnung …

In den Niederlanden würde man sagen, es kostet *moed*, die negative Stimme im Kopf abzuschalten. *Moed* bedeutet, auf sein Bauchgefühl zu hören, egal was die anderen sagen oder erwarten. Dieser Mut ist etwas Positives, während Wagemut oder Draufgängerei darauf abzielt, andere zu beeindrucken. Hier geht es aber nicht um die anderen. Wenn du positive Verstärkungen täglich wiederholst, trainierst du dein Gehirn darauf, *moedig* zu sein.

(ÜBUNG)

VERGANGENES LOSLASSEN

Das Gedächtnis mancher Menschen saugt wie ein Schwamm begangene Fehler, verpasste Gelegenheiten, Groll und Kränkungen auf. All diese negativen Gefühle wirken wie Sandsäcke an einem Zeppelin: Sie bremsen. Sie hindern diese Menschen daran, zu fliegen und neue Länder zu entdecken. Schaue dir deine eigenen Sandsäcke genau an. Schneide alle ab, die du nicht mehr brauchst. Weg damit. Du lebst jetzt, und diese Altlasten kosten nur Zeit und Energie.

ÜBUNG

ES IST IN ORDNUNG

Schreibe in dein Notiz- oder Tagebuch:
»Es ist in Ordnung, nichts zu tun.« Lies den Satz laut.
Schreibe den Satz noch einmal, und lies ihn wieder laut –
so oft, bis du es wirklich glaubst (oder bis dir die Finger wehtun).

Suchst du individuelle Verstärkungen? Wenn du in der folgenden
Liste nichts Passendes findest, kannst du gern andere wählen.
Wichtig ist, dass du es ernst meinst. Nur dann ist die Verstärkung
authentisch, und nur dann besitzt sie positive Wirkung.

**Es ist in Ordnung,
meine Interessen an erste Stelle zu setzen und ...**

- einen Anruf nicht anzunehmen.
- etwas, das ich nicht will, abzulehnen.
- am Samstagabend nicht auszugehen.
- mir einen Nachmittag freizunehmen.
- mir einen freien Tag zu gönnen.
- eine Verabredung abzusagen.
- meine Meinung zu ändern.
- nichts zu tun.

NEUE PRIORITÄTEN

Niksen schafft Ausgewogenheit, man muss sich aber Zeit dafür nehmen. Das bedeutet, den Terminkalender einmal genau unter die Lupe zu nehmen. Auszeiten helfen, klarer zu denken und produktiver zu sein. Du kannst lernen, solche Auszeiten zu genießen. Atme tief durch, geh deine Aufgaben konzentriert an und schaffe dir Zeit für Dinge, die du gern tust. Aber bevor du mit dem Niksen beginnen kannst, musst du deine Prioritäten neu ordnen.

Die normale Verrücktheit

Wenn es eine Redensart gibt, die den niederländischen Volkscharakter auf den Punkt bringt, dann *Doe normaal, dan doe je al gek genoeg*, was sinngemäß bedeutet »Benimm dich normal, das ist schon verrückt genug«. Der Ausdruck sagt viel über die traditionellen soziokulturellen Normen des Landes und seiner Bewohner aus. Man gibt nicht an, protzt nicht mit seinem Wohlstand und verzichtet auf überzogenes Verhalten. Wer übermäßig ehrgeizig ist und nichts als Arbeit kennt, wird mitleidig als *niet normaal* (nicht normal) angesehen, selbst wenn er oder sie herausragende Leistungen bringt.

In unserer schnelllebigen Welt mag so ein unambitioniertes Ziel wie »benimm dich normal« lächerlich erscheinen. Im Zusammenhang mit Niksen ist es aber wichtig. Schließlich geht es im Leben nicht so sehr um die steile Karriere und das große Geld, sondern darum, seine Zeit mit wirklich wichtigen Dingen zu verbringen. Vielleicht möchten deshalb so viele Niederländer Teilzeit arbeiten. Der Beruf ist ihnen durchaus wichtig, aber auch Zeit für Familie, Freunde, ehrenamtliche Tätigkeit sowie ausreichend Erholung haben einen hohen Stellenwert.

Überlege einmal, wie man sich an dich erinnern soll – als Menschen, der jede Mail binnen einer Stunde beantwortet, oder als liebevollen Partner, verständnisvolle Mutter, verlässlichen Freund? Heute steht es jedem frei, sein Leben selbst zu gestalten.

Was ist dir wichtig?

Wie würdest du diese Frage spontan beantworten? Die Wissenschaftlerin Wieteke Conen von der Universität Amsterdam hat die Werte der Niederländer mit denen von fünf anderen europäischen Ländern verglichen: Großbritannien, Deutschland, Italien, der Tschechischen Republik und Dänemark.[1] Die Ergebnisse sprechen Bände.

In allen Ländern stand die Familie an erster Stelle. Dem Beruf gaben die Niederländer aber eine deutlich niedrigere Priorität als die Bewohner der übrigen Länder – er rangierte hinter Familie, Freunden und Freizeit. In den meisten anderen Ländern stand der Beruf an zweiter Stelle. Dagegen gaben die Niederländer der Freizeit einen höheren Stellenwert als die übrigen Befragten.

Wir alle sollten lernen, die Freizeit höher zu bewerten. Vielleicht kannst du nicht die Wochenarbeitsstunden reduzieren oder lange Urlaub nehmen, aber du kannst deine Zeit klug organisieren. Was brauchst du, um dich ausgeglichen und gut zu fühlen? Beruflichen und finanziellen Erfolg, deine Familie, ein lebhaftes Sozialleben? Vielleicht Gesundheit, Wohlbefinden und Persönlichkeitsentwicklung? Wie deine optimale Work-Life-Balance aussieht, kannst du nur selbst entscheiden. Dabei hilft es, Bilanz zu ziehen.

---

1 Conen hat Daten aus der European Values Study (1981–2017) ausgewertet. Sie zeigen, welche Aspekte ihres Berufs den Europäern besonders wichtig sind und wie wichtig ihnen der Beruf im Vergleich zu anderen Lebensbereichen ist.

Die Freude an der Vorfreude

Selbst wenn du nur einen Niksen-Moment oder einen einzelnen freien Tag einplanst, kann sich die gesamte Zeit davor gleich viel besser anfühlen. Die Niederländer verwenden dafür das Wort *voorpret* **– Vorfreude. Vielleicht buchen viele Niederländer deshalb den Sommerurlaub schon im Januar. So haben sie in den vor ihnen liegenden kalten, dunklen Monaten etwas, worauf sie sich freuen können. Psychologen haben nachgewiesen, dass Vorfreude einen sehr positiven Einfluss auf die Lebenszufriedenheit hat.**

(ÜBUNG)

DAS GLÜCKS-TAGEBUCH

Lass am Abend den Tag Revue passieren, um herauszufinden, was dich glücklich gemacht hat. Schreibe auf, was du getan hast, und bewerte es auf einer Skala von 1 bis 10. Wiederhole diese Übung einige Tage oder Wochen lang, um bewusster die richtigen Entscheidungen fällen zu können:

Aufstehen	7,0
Essen	7,5
Arbeiten	5,5
Fernsehen	7,0
Ein Buch lesen	8,0
Sport	8,0
Auto fahren	4,5
Siesta	8,0
Soziale Medien	6,5
Schlafen gehen	7,5

Das Glücks-Tagebuch[2] wird dir zeigen, ob du deine Zeit gut nutzt. Wenn du eine Aktivität öfter mit 5,5 oder weniger bewertest, solltest du etwas ändern. Schaffe dir freie Zeit für Dinge, die du gern tust, indem du weniger Überstunden machst und jeden Tag eine Mittagspause einlegst. Mit dieser Übung verstehst du besser, wie du deine Zeit verbringst (bzw. verbringen möchtest), und sie hilft dir dabei, mehr persönliche Freiräume zu schaffen.

---

[2] Diese Übung knüpft an die Online-Studie *De Gelukswijzer* (gelukswijzer.nl) an, die von der Erasmus Universität Rotterdam durchgeführt wurde.

Das Gleichgewicht finden

Wer ununterbrochen beschäftigt ist, hat – ebenso wie jemand, der absolut gar nichts tut – keinen Rhythmus. Das Gehirn braucht aber einen Wechsel zwischen Aktivität und Inaktivität, um gesund zu bleiben und gut zu funktionieren. Man könnte es mit dem ständigen Auf und Ab der Wellen auf dem Meer vergleichen.

Unser Gehirn ist darauf eingestellt, auf Stress und Schwankungen zu reagieren. Es stellt sich ständig auf neue Herausforderungen ein. Wenn wir uns aber keine Zeit zur Erholung nehmen, kommt es zu Problemen und letztlich zu chronischem Stress.

Ideal ist ein ausgewogener Wechsel aus Anspannung und Entspannung. Das Gehirn ist die meiste Zeit aktiv, bekommt aber auch ausreichend Ruhephasen. Schwimme auf dieser Wellenbewegung mit, aber erlaube dir auch, gelegentlich im ruhigen Wasser neue Kraft zu sammeln. Körper und Geist brauchen solche Phasen, um sich zu erholen und Erlebtes zu verarbeiten.

(ÜBUNG)

ERHOLSAME ATMUNG

Schließe die Augen. Stelle dir nun das rhythmische Steigen und Fallen von Wellen auf dem Meer vor. Stimme deine Atmung auf diesen Rhythmus ab. Beim Einatmen rollt eine Welle heran, dein Bauch weitet sich. Danach atmest du langsam aus. Vielleicht ist der Rhythmus anfangs ungleichmäßig, aber mit der Zeit wird deine Atmung langsamer und ruhiger werden.

Diese Übung ist hilfreich, wenn du an hektischen Tagen schnell auftanken möchtest. Du kannst sie überall durchführen, egal ob im Badezimmer oder am Bildschirm.

(ÜBUNG)

MARKER-TEST

Setze deine Prioritäten für die kommende Woche.

Schreibe alles auf, was du diese Woche tun willst – beruflich und privat. Streiche danach mit einem dicken schwarzen Marker alles durch, was du verschieben, delegieren oder weglassen kannst. Nur die wichtigsten Aktivitäten und Aufgaben dürfen stehen bleiben. Dazu gehört auch eine tägliche Pause zum Niksen.

(ÜBUNG)

DER HAUS-TEST

Stelle dir dein Leben als Haus vor. Jeder Raum steht für einen Lebensbereich: Beruf, Familie, Hobby, Gesundheit. Zeichne den Grundriss auf, um ihn dir besser vorstellen zu können. Wie wäre es mit einem typisch niederländischen Haus, durch dessen große Fenster – ohne Gardinen – die Sonne hereinscheint?

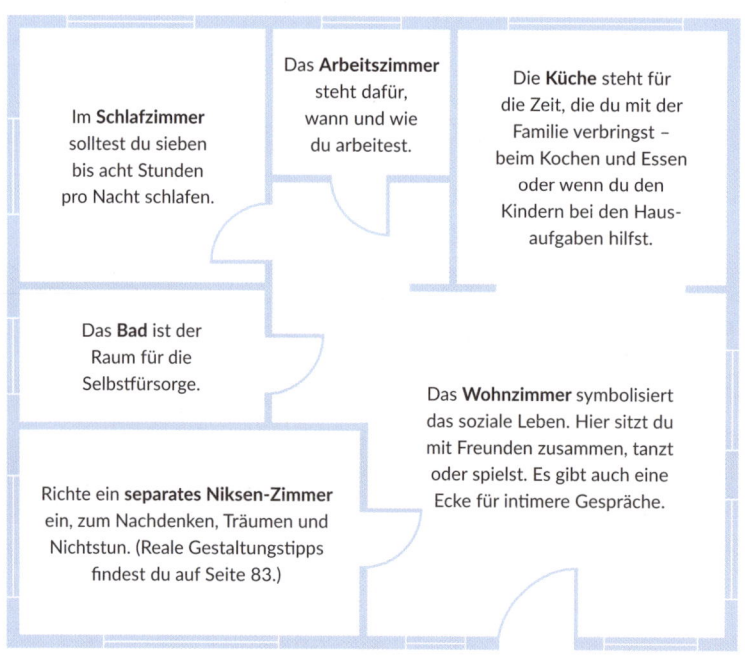

Das **Arbeitszimmer** steht dafür, wann und wie du arbeitest.

Die **Küche** steht für die Zeit, die du mit der Familie verbringst – beim Kochen und Essen oder wenn du den Kindern bei den Hausaufgaben hilfst.

Im **Schlafzimmer** solltest du sieben bis acht Stunden pro Nacht schlafen.

Das **Bad** ist der Raum für die Selbstfürsorge.

Das **Wohnzimmer** symbolisiert das soziale Leben. Hier sitzt du mit Freunden zusammen, tanzt oder spielst. Es gibt auch eine Ecke für intimere Gespräche.

Richte ein **separates Niksen-Zimmer** ein, zum Nachdenken, Träumen und Nichtstun. (Reale Gestaltungstipps findest du auf Seite 83.)

Realitäts-Check

Wende nun die Haus-Metapher auf dein Leben an. Bewohnst du ein Traumhaus, in dem du dich geborgen, sicher und motiviert fühlst? Welche Räume sind dir am wichtigsten? Verbringst du darin genug Zeit? Vielleicht verbringst du zu viel Zeit im Arbeitszimmer, weil du Überstunden machst oder weil abends und am Wochenende berufliche Mails und Anrufe kommen. Die wenigen Stunden, die dann bleiben, gehören Familie und Freunden. Und wann warst du zuletzt im Niksen-Zimmer?

Grenzen und Selbstfürsorge

Baue um dich herum eine unsichtbare Grenze auf, um Menschen und Dinge auf gesunde Distanz zu halten. Ein guter Freundeskreis ist wertvoll, aber Menschen, die von deiner Energie zehren oder deine Arbeitszeiten nicht respektieren, solltest du nicht an dich heranlassen. Lass dir nichts aufhalsen, was zu groß und schwer für dich ist. Es ist wichtig für die körperliche und geistige Gesundheit, sich nach außen abzugrenzen. Achte gut auf dich.

Hör zu, wenn dein Bauch **STOPP** sagt. Zeit im Niksen-Zimmer ist Zeit für die Seele (siehe gegenüber). Plane sie fest ein!

NIKSEN IM ALLTAG

Beruf, Kinder, soziale Verpflichtungen …
im Handumdrehen ist der Terminkalender für die
Woche voll. In diesem Kapitel geht es um Möglichkeiten, mehr Raum zum Nichtstun zu schaffen –
im Alltag und vor allem im Kopf. Zeit ist
kostbar, weil man sie nur einmal nutzen kann.
Umso wichtiger ist es, den Tag gut zu organisieren.
Die Zeit muss aufgeteilt werden zwischen Dingen,
die getan werden müssen, und Momenten,
in denen man einfach sein kann.

Herunterschalten

Wenn ich sehr viel zu tun habe, sehne ich mich manchmal nach den Sonntagen meiner Kindheit. Damals ruhte buchstäblich die ganze Stadt aus, man faulenzte. Die Geschäfte waren geschlossen, kaum jemand musste zur Arbeit gehen, und auf den Straßen war sehr wenig Verkehr. Es war, als ob die Uhren langsamer tickten. Egal, wie anstrengend die Woche war: Am Ende stand ein ganzer Tag zum Erholen.

Heute bestimmen nicht Kirche oder Staat, wann wir arbeiten oder frei haben. Wir können rund um die Uhr einkaufen und finden jederzeit Ablenkung und Unterhaltung, wenn wir uns langweilen. Die Tage sind genau so lang wie früher, aber die Menge der Dinge, die wir in diese 24 Stunden zwängen, ist enorm gewachsen. Manchmal scheint es, als wären wir süchtig danach, immer beschäftigt zu sein. Wenn sich deine Sonntage wie Dienstage anfühlen und dir das nicht gefällt, solltest du es mit Niksen versuchen.

Nein sagen auf Niederländisch

Die Niederländer bewerten Ehrlichkeit höher als Empathie. Die meisten würden dir unverblümt sagen, was sie von deiner neuen Frisur oder deiner Arbeit halten. Sie äußern auch klar, wenn sie einer Aufforderung nicht nachkommen können – oder nicht möchten. In anderen Kulturen würde man diese Direktheit für schroff oder ruppig halten, aber so ist sie nicht gemeint.

Möchtest du eine Verabredung zum Essen absagen, weil du Zeit für dich selbst brauchst? Sag es. Es ist in Ordnung und wird einer guten Freundschaft nicht schaden. Wahrscheinlich würde dein Gegenüber sich ebenso verhalten.

Zeitmanagement auf Niederländisch

Die Niederländer planen ihre Termine. Es ist nicht üblich, unangekündigt bei jemandem hereinzuschneien. Schon ein spontanes Kaffeetrinken kommt selten vor, und Treffen mit Freunden werden oft Wochen vorher verabredet.

Diese Art der Planung schafft *overzichtelijkheid* (Übersicht). Sie bringt Ordnung in das Terminchaos. Die Woche wird überschaubar. Wenn du Montag erfährst, dass du Donnerstag eine Präsentation halten sollst, musst du Mittwoch einige Stunden für die Vorbereitung einplanen. Zeitplanung ist auch wichtig, um die Freizeit im Blick zu behalten oder Momente zum Niksen zu reservieren. Wenn du sowieso schon Berufliches und Arzttermine in einen Kalender einträgst, warum dann nicht auch die Erholungspausen? Sie sind ja ebenso wichtig.

Niksen in den Alltag einbauen

Wir brauchen Zeit zum Arbeiten, für Familie und Freunde, Zeit zum Entspannen. Organisiere deinen Tag so, dass alle drei Aspekte berücksichtigt werden. Wenn ein Aspekt zu viel Raum einnimmt, entsteht ein Ungleichgewicht, das zu Stress führt.

Wie viel freie Zeit brauchen wir?

Wenn zu oft die Zeit für die wirklich wichtigen Dinge fehlt, kommt es zu chronischem Stress. Man fühlt sich ausgelaugt und unzufrieden. Zu viel freie Zeit ist aber auch nicht ideal, denn das führt zu Langeweile und ebenfalls zu Unzufriedenheit. Wer mehr freie Zeit hat als die Menschen in seiner Umgebung, kann auch an Einsamkeit leiden.

Wie viel freie Zeit brauchen wir also? 2018 ergab eine Studie der University of Pennsylvania und der University of California in Los Angeles (UCLA),[1] dass für Menschen mit einem Vollzeitberuf 2,5 Stunden Freizeit pro Tag optimal sind. Weniger bewirkt bei den meisten Menschen Stress, mehr macht träge und unproduktiv. Natürlich gibt es individuelle Unterschiede, manche Menschen brauchen mehr freie Zeit als andere.
Auf der Seite gegenüber findest du Vorschläge, die dir helfen, Niksen in den Tag einzuplanen und deinen Bedarf an freier Zeit einzuschätzen.

---

[1] Marissa Sharif / Cassie Mogilner / Hal Hershfield, *The Effects of Being Time Poor and Time Rich on Life Satisfaction* (15. November 2018).

Niksen im Terminkalender

Nimm das Niksen ernst. Plane an jedem Arbeitstag 20 Minuten und am Wochenende 2 Stunden dafür ein. Es kommt nicht genau auf die Minute an. Wichtig ist vor allem die Regelmäßigkeit.

Plane realistische Zeitfenster. Überlege dir, wie viel Zeit du für eine Aufgabe benötigst. Wenn du früher fertig bist, umso besser: Dann kannst du die restliche Zeit zum Niksen nutzen.

Sei realistisch. Du solltest die Aktivitäten, die du in deinen Kalender einträgst, wirklich schaffen können. Wenn das Niksen wegen eines ungeplanten Ereignisses ausfallen muss, hole es nach.

Plane unbedingt einen Zeitpuffer für unerwartete Verzögerungen oder ungeplante Ereignisse ein. Das ist auch wichtig, um Überstunden und Wochenendarbeit zu vermeiden. Wenn du den Puffer nicht brauchst, hast du Zeit zum Niksen gewonnen.

Nimm dir etwas Zeit für eine Wochenbilanz. Wenn man nicht ab und zu das Gesamtbild betrachtet, rutscht man allzu leicht wieder ins Hamsterrad und vergisst die Auszeiten.

Wenn du Aktivitäten in Kategorien einordnest und mit verschiedenen Farben markierst, siehst du auf einen Blick, ob deine Zeitplanung ausgewogen ist oder ob du nachbessern solltest.

Deiche im Kalender

Stelle dir vor, du hast ein ganzes Wochenende für dich. Du kannst tun und lassen, was du willst. Klingt himmlisch, oder? Die Realität kann anders aussehen. So viele Stunden voll endloser Möglichkeiten können auch überfordern. Das macht unruhig, kann Stress verursachen und ist ganz sicher nicht erholsam. In diesem Fall kann Niksen sogar negativ sein.

»Zeit hat nur dann Sinn und Bedeutung, wenn sie einen Rhythmus hat, ein wiedererkennbares, sich wiederholendes Muster«, sagt die Philosophin Marlu Huijer.[2] Stell dir nun vor, du arbeitest bis 17 Uhr und bist um 20 Uhr mit einer Freundin verabredet. Damit hast du ein festes Zeitfenster zur freien Verfügung – lang genug, um dich nicht beeilen zu müssen, aber nicht so lang, dass du dich verloren fühlst.

Die Tagesstrukturen kann man mit den berühmten niederländischen Deichen vergleichen. Sie begrenzen den Raum, in dem die Niederländer leben können, und schützen das Land vor Überschwemmung. Deiche im Kalender helfen dir, deine Zeit zum Niksen klar festzulegen, und sie schützen davor, ins Schwimmen zu geraten.

---

2 »Zoeken naar het juiste ritme in de 24-uurs economie« [Die Suche nach dem richtigen Rhythmus in der 24-Stunden-Ökonomie], *Filosofie Magazine*, 2008.

(ÜBUNG)

ZEIT GUT INVESTIERT?

Nimm dir Zeit für eine Wochenbilanz. Wähle dafür einen bequemen Platz, aber nicht den Schreibtisch. Schreibe auf, was dir gerade durch den Kopf geht. Das hilft, Alltagsangelegenheiten beiseitezuschieben und sich auf die Übung zu konzentrieren (siehe »geistiger Minimalismus«, Seite 81). Zehn Minuten können genügen, um zu entspannen und Abstand vom Alltag zu gewinnen. Du kannst kritzeln, aus dem Fenster schauen oder die Augen schließen.

Wenn du dich entspannt fühlst, stelle dir drei einfache Fragen:

**Bin ich zufrieden mit dem,
was ich diese Woche geschafft habe?**

**Habe ich mir so viele Auszeiten genommen,
wie ich geplant hatte?**

**Wie kann ich nächste Woche sicherstellen,
dass ich genug Pausen mache?**

An den Antworten kannst du ablesen, ob deine Zeitplanung zu eng war – auf Kosten der Auszeiten, und du kannst die Weichen für die nächste Woche besser stellen.

Niksen geht immer

Nicht immer klappt die Zeitplanung wie vorgesehen. An manchen Tagen ist es schwierig, einen ruhigen Moment zu finden. Aber selbst wenn du nur wenige Minuten hast, solltest du dich von deinen Pflichten abwenden und den Blick nach innen richten. Falls du dich mit dem Niksen zunächst unbehaglich fühlst, fang mit kleinen Schritten an. Wenige Minuten am Tag genügen, um sich ans Nichtstun zu gewöhnen. Allmählich kannst du die Zeit dann auf eine halbe Stunde oder mehr ausdehnen.

Wie viel Zeit hast du zum Niksen?

○ Gar keine Zeit

Drücke einen Stressball. Das kannst du überall tun, am Schreibtisch und sogar während einer Konferenz. Beim Drücken spannst du die Muskeln in Hand und Handgelenk an, und beim Lockern des Griffs entspannst du sie wieder. Dabei werden auch Nervosität und Stress abgebaut.

5 Minuten

Freier Schreibtisch, freier Kopf. Räume alles aus deiner direkten Umgebung weg, was du heute nicht brauchst. Das hat zwei Vorteile: Aufräumen kann beruhigend wirken, und danach hast du eine ruhigere Umgebung – perfekt zum Niksen.

 10 Minuten

Zeit für eine Fantasiereise. Stelle dir einen Ort vor, an dem du dich rundum zufrieden und entspannt fühlst. So gibst du deinem Gehirn ein positives Gegengewicht zu belastenden Stressempfindungen. Schließe die Augen und vergegenwärtige dir alle Details möglichst genau: die Gerüche, die Geräusche, die Farben, die Aussicht. Versuche, alle Sinne einzusetzen, um dir diesen schönen Ort vor dein geistiges Auge zu holen.

 30 Minuten

Progressive Muskelentspannung macht Körper und Geist wacher und lockert verspannte Muskeln von langem Sitzen oder Stehen. Du sitzt oder liegst entspannt. Nun eine Muskelgruppe fest anspannen und wieder loslassen. Arbeite dich von den Füßen bis zum Kopf hoch. Schließe die Augen. Spürst du, wie die Anspannung aus dem Körper verschwindet?

Auszeiten verteidigen

Achte darauf, dass du und andere deine eingeplanten Auszeiten nicht wieder füllen. Es ist völlig berechtigt, wenn du ehrlich mit dir selbst bist und deinen Bedürfnissen Vorrang gibst.

Sei direkt

Scheue dich nicht, Nein zu sagen. Vielleicht ist dein Gegenüber im ersten Moment enttäuscht, aber immerhin herrscht Klarheit. Wichtig ist allerdings, dass du deine Worte mit Bedacht wählst, damit keine Missstimmung aufkommt.

- **Klare Worte.**
  Wenn jemand um einen Gefallen bittet, kannst du einfach sagen: »Tut mir leid, heute geht es nicht.« Erkläre den Grund ehrlich: »Ich hatte in letzter Zeit so viel zu tun, dass ich mir vorgenommen habe, mir Zeit für mich zu nehmen.« Versuche nicht, andere Gründe zu finden – sie könnten wie faule Ausreden klingen.

- **Kurz und knapp.**
  Du brauchst dich nicht zu rechtfertigen. »Tut mir leid, ich fürchte, da kann ich dir nicht helfen« genügt. Sei dir aber bewusst, dass dein Gegenüber enttäuscht sein könnte und dass Neinsagen nicht immer Freude macht.

☼ **Etwas anbieten.**
Du kannst dein Nein abmildern: »Gerade jetzt geht es nicht, aber frag mich beim nächsten Mal gern wieder.« Damit machst du klar, dass dein Nein nur für den Moment gilt und nicht deine Hilfsbereitschaft generell infrage stellt.

☼ **Persönlich Nein sagen.**
Textnachrichten werden allzu leicht missverstanden. Rufe die andere Person an. Gehe am Arbeitsplatz persönlich zu der Person, damit sie deine Stimme hört und deine Mimik und Körpersprache sieht. Dabei solltest du weder defensiv noch aggressiv werden. Bringe zum Ausdruck, dass deine Absage nicht persönlich gemeint ist, sondern dass du nur momentan nicht helfen kannst.

Um Hilfe bitten

Ergreife die Initiative. Sage ehrlich, wenn du in Zeitnot gerätst. Opfere nicht deine freie Zeit, sondern bitte Kollegen oder Freunde um Unterstützung. Vielleicht kann dir jemand Arbeit abnehmen oder die Kinder aus der Kita abholen, sodass du eine Stunde gewinnst. Wahrscheinlich hilft die Person gern, ansonsten wird sie es sagen (wenn sie klug ist).

In den Niederlanden sagt man: *Nee heb je, ja kun je krijgen* (wörtlich: Ein Nein hast du, ein Ja kannst du bekommen), mit anderen Worten: Fragen kostet nichts.

Nicht einschüchtern lassen

Du musst damit rechnen, dass dich jemand beim Nichtstun sieht und unverblümt fragt: »Hast du nichts Besseres zu tun?« Rechtfertige dich nicht. Sage einfach, dass du gerade nichts tust, weil dir danach zumute ist. Jemand, der das nicht versteht, hat möglicherweise Schwierigkeiten, sich zu entspannen. Vielleicht solltest du ihm dieses Buch zeigen ...

Hilf dir selbst

Manchmal raubt uns die Stimme im eigenen Kopf die Auszeiten. Kannst du auch in Pausen nicht aufhören, an Arbeit und Pflichten zu denken? Stelle das Handy stumm, schalte Messengerdienste ab, und konzentriere dich auf etwas anderes. In Kapitel 7 (siehe Seite 122) lernst du Methoden kennen, den Geist zu entspannen, ohne ihn anzustrengen.

Gönne anderen ihre Auszeiten

Jeder Mensch braucht Pausen. Du kannst dazu beitragen, dass in deinem Umfeld das Niksen normal wird – kein seltener Sonderfall, sondern eine Notwendigkeit, der man mit Respekt begegnet. Ermutige Kollegen, eine richtige Mittagspause zu machen, um aufzutanken. Dasselbe gilt zu Hause. Koche, wenn dein Mitbewohner spät von der Arbeit kommt. Achte darauf, ob Partner oder Kinder überfordert sind und Unterstützung brauchen. Lies ruhig noch einmal, was auf Seite 30 über die Großzügigkeit der Niederländer – das *gunnen* – steht.

ÜBERALL NIKSEN

Im vorigen Kapitel ging es um das Wann.
Wenden wir uns jetzt dem Wo zu.
Wie lässt sich Niksen zu Hause, am Arbeitsplatz,
im Urlaub und sogar online umsetzen?
Du erfährst, wie du jede Umgebung »niks-
freundlich« gestalten kannst, indem du dich auf
die richtigen Dinge konzentrierst, und wie
du mit Hindernissen fertigwirst.

Zu Hause niksen

Gerade zu Hause kann es schwierig sein, sich Auszeiten zu nehmen. Es passiert sehr leicht, dass Alltagspflichten in die sorgsam geplanten Freiräume hineinschwappen. Manchmal besteht das Problem nicht darin, dass wir nicht genug freie Zeit haben. Wir nutzen sie nur nicht immer klug.

Vielen Menschen fällt es schwer, zu Hause abzuschalten. Wir sind am Sonntagabend schon angespannt, weil wir wissen, was uns am nächsten Morgen erwartet. Wir schauen ständig auf die Uhr und sind mit To-do-Listen so beschäftigt, dass das Denken wie in einer Endlosschleife nur um die Pflichten kreist. Aber vielleicht brauchen wir gar nicht mehr freie Stunden. Vielleicht müssen wir nur lernen, die freie Zeit bewusst zu genießen und aus dem Kopf zu verbannen, was dabei stört.

(ÜBUNG)

NIKSEN NACH DEM AUFWACHEN

Der frühe Morgen ist eine gute Zeit zum Niksen. Die Welt ist ruhig, sie schläft noch halb. Du öffnest die Augen, dein Geist ist klar, der Alltagsstress hat dich noch nicht im Griff. Setze dich auf, schaue aus dem Fenster. Atme langsam ein und aus, und lass dabei die Gedanken wandern. Das könnte ein schönes Morgenritual werden. Drei Regeln solltest du aber beherzigen:

①

NICHT die Augen schließen und wieder einschlafen.

②

NICHT sofort nach dem Handy greifen.
Am besten nimmst du es nachts nicht mit ins Schlafzimmer.

③

NICHT Radio oder Fernseher einschalten,
um Nachrichten zu hören. Auch E-Mails
und soziale Medien müssen warten.

Den Kopf entrümpeln

Wer keinen Platz im Kopf hat, kann sich nicht intensiv auf Gespräche oder Erlebnisse einlassen. Der Geist ist schon an seiner Kapazitätsgrenze. Schaffe dir mit den folgenden Strategien Platz im Kopf und nutze dein Zuhause als Ort für Rückzug und Erholung, denn dafür ist es gedacht.

Geistiger Minimalismus

Manchmal fühlt sich der Kopf an wie ein Internet-Browser, in dem mehr Fenster geöffnet sind, als auf den Bildschirm passen. Merke dir nicht alles, schreibe es lieber auf. Ob App oder Notizbuch: Halte Gedanken, Tipps, Aufgaben, Links und andere Dinge fest.

Wenn Grübeleien deine Auszeiten stören, schreibe auf, was dich beschäftigt oder besorgt. Das Notizbuch ist absolut privat, hier darfst du ungeschönt alles notieren. Es entlastet, Dinge zu Papier zu bringen. Oft hilft es auch dabei, Probleme aus einem anderen Blickwinkel zu betrachten und Lösungen zu finden. Überlege, was du beeinflussen kannst, und streiche alles durch, worauf du keinen Einfluss hast.

ÜBERALL NIKSEN

82

Die Umgebung aufräumen

Reizüberflutung lässt das Gehirn auf Hochtouren laufen. Man hat das Gefühl, dass immer etwas zu tun ist. Das lenkt ab und geht auf Kosten der Auszeiten. Räume Zimmer, die du zum Zurückziehen und Entspannen nutzt, rigoros auf. Ob Wohnzimmer, Schlafzimmer oder Bad: Nur das wirklich Wichtige bleibt stehen, der Rest wird so verstaut, dass man ihn bei Bedarf schnell finden kann.

Ein Platz nur zum Niksen

Wer kleine Kinder hat, wird eine so rigorose Ordnung in den gemeinsam genutzten Räumen der Familie kaum durchsetzen können. In diesem Fall solltest du mindestens einen Bereich der Wohnung zur Niksen-Zone erklären. Das muss kein separater Raum sein. Du kannst auch einen Fenstersitz oder eine Ecke im Schlafzimmer für erholsame Pausen einrichten.

Richte den Platz gemütlich und *gezellig* (siehe Seite 22) her, vielleicht mit einem bequemen Sessel und frischen Blumen. Schalte das Handy ab. Überfrachte die Ruhezone nicht durch unnötigen Schnickschnack. Dies ist dein Refugium, wo du in aller Ruhe den Blick nach innen richten kannst. Frische Luft und Sonnenschein stärken den Geist und die Kreativität.

Niksen am Arbeitsplatz

Aus der *Möglichkeit*, immer und überall erreichbar zu sein, ist inzwischen eine *Erwartung* geworden. Hinzu kommt, dass wir uns heute stärker denn je mit unserem Beruf identifizieren, der ja im besten Fall eine Berufung sein soll. Die Grenze zwischen Beruf und Privatleben verschwimmt immer mehr, und das geht auf Kosten der Auszeiten zum Erholen.

Wir können uns nicht klonen oder den Tag um einige Stunden verlängern. Also müssen wir mit unseren Ressourcen klug umgehen. Die Zauberformel heißt »Grenzen setzen«. Schaffe zwischen dir und deiner Arbeit physische Distanz, und vermittle unmissverständlich, was du leisten kannst – und was nicht. Selbst wenn du nur wenig ungestörte Zeit zum Niksen hast, solltest du sie als wichtigen Puffer zwischen verschiedenen Pflichten und Aufgaben etablieren.

Die folgenden Listen sollen dir helfen, Beruf und Privatleben besser zu trennen und dadurch mehr Zeit zum erholsamen Nichtstun zu finden.

Vorsicht!

- Stopfe die Woche nicht bis zum Anschlag mit Terminen voll. Muss jedes Meeting sein? Vielleicht kannst du nur zum wichtigen Teil anwesend sein?

- Sitze nicht länger als zwei Stunden ohne Pause am Computer.

- Multitasking bitte nur im Notfall. Besser ist es, ganz bei der Sache zu sein – bei der Arbeit, mit Kindern oder beim Niksen.

- Nimm den Laptop nicht mit in den Wochenendurlaub. Schau beim Essen nicht aufs Handy.

- Verzichte auf den Freitagsdrink mit den Kollegen, wenn du müde bist. Niemand wird es dir vorwerfen, wenn du für dich selbst sorgst.

- Lass nicht zu, dass Kunden außerhalb der Arbeitszeiten anrufen.

- Du musst E-Mails nicht binnen einer Stunde beantworten.

Gute Strategien

- Bearbeite E-Mails konsequent zu festen Tageszeiten. Im Urlaub und am Wochenende den Abwesenheitsassistenten nutzen.

- Bitte Kunden und Kollegen, nicht abends und am Wochenende anzurufen.

- Verabrede Telefon- oder Videokonferenzen 24 Stunden vorher.

- Gehe in der Mittagspause in den Park oder an einen anderen ruhigen Platz. Sage ehrlich, wenn du allein sein möchtest.

- Schalte das Diensttelefon zu Hause und am Wochenende ab. Überlege gut, wem du deine Privatnummer gibst.

- Richte dir zu Hause einen festen Arbeitsplatz ein und arbeite nur dort.

- Trage einen Gehörschutz und schalte am Handy den Flugmodus ein, wenn du dich konzentrieren musst.

Niksen in der Mittagspause

Auch wenn sehr viel Arbeit auf dem Schreibtisch liegt: Lass nicht die Mittagspause ausfallen! Eine richtige Pause, am besten eine ganze Stunde, ist wichtig, um am Nachmittag konzentriert und produktiv arbeiten zu können. Hier findest du Tipps, wie du die Mittagszeit als wirkungsvolle Erholungspause nutzen kannst. Du wirst sehen: Es zahlt sich aus.

- Beginne mit einer kurzen Meditation oder Entspannungsübung, um Geist und Körper schnell herunterzufahren (siehe Seite 124). Wenn du entspannt bist, nimm dir mindestens eine halbe Stunde Zeit zum Nichtstun. Lass die Gedanken wandern – aber nicht zur Arbeit.

- Gehe in entspanntem Tempo spazieren. Das hebt die Stimmung und regt die Gehirnfunktion an.

- Wenn du in der Nähe eines Parks oder Waldes arbeitest, setze dich ins Gras oder auf eine Bank. Atme die würzige Waldluft. Schließe die Augen und höre den Vögeln oder dem Rascheln der Blätter zu. Schon eine halbe Stunde »Waldbaden« wirkt sich nachweislich positiv auf das körperliche, geistige und seelische Wohlbefinden aus.

- Wenn es kein Grün in der Nähe deines Arbeitsplatzes gibt, suche dir einen anderen ruhigen Platz – aber bitte nicht am Schreibtisch.

Niksen und die Produktivität

Wenn du oder dein Chef fürchten, dass Auszeiten auf Kosten der Produktivität gehen, liegt ihr falsch. Pilotversuche haben gezeigt, dass eine Verringerung der Wochenarbeitszeit einen Rückgang der Krankmeldungen bewirkt hat, aber keinen Rückgang der Produktivität. Wenn weniger Zeit zur Verfügung steht, arbeiten Menschen oft effizienter und können besser Prioritäten setzen. Sie erreichen dieselben Ziele, haben aber mehr Gelegenheit zum Ausruhen und Entspannen. Andere Studien haben ergeben, dass wir von den üblichen acht Arbeitsstunden nur etwa drei Stunden lang wirklich produktiv sind.

(ÜBUNG)

DIE POMODORO-TECHNIK

Um bei großen Projekten konzentriert und produktiv zu bleiben, setze ich die Pomodoro-Technik ein. Sie wurde von dem italienischen Zeitmanagement-Experten Francesco Cirillo entwickelt.

①
Die Aufgabe festlegen, die heute erledigt werden soll.

②
Eine Eieruhr oder den Timer des Handys auf 25 Minuten stellen.
(Cirillos Eieruhr hatte die Form einer Tomate –
italienisch *pomodoro*. Daher der Name der Technik.)

③
Konzentriert und ohne Unterbrechung arbeiten, bis die Uhr klingelt.

④
Fünf Minuten Pause! Du kannst tun, was du willst,
solange es nicht mit der Arbeit zu tun hat.

⑤
Nach vier Pomodori solltest du eine längere Pause
von 20 bis 30 Minuten einlegen.

Mir gefällt die Technik, weil 25 Minuten genügen, um produktiv zu sein. Gleichzeitig ist die Zeit kurz genug, um die Konzentration aufrecht zu erhalten. Und es ist immer eine Pause in Sicht.

(ÜBUNG)

DIE KRÖTE SCHLUCKEN

Wenn du den ganzen Tag beschäftigt bist, ohne wirklich etwas zu erledigen, hilft dir vielleicht eine Technik des Zeitmanagement-Experten Brian Tracy. Er spielt auf ein Zitat von Mark Twain an:

»Wenn du eine Kröte schlucken musst,
tu es am besten gleich morgens.
Wenn du zwei Kröten schlucken musst,
schlucke die größere zuerst.«

①
Die Kröte erkennen

Überlege dir, welche von den zu erledigenden Aufgaben
die unangenehmste ist. Sie vor sich her zu schieben belastet.
Dadurch entstehen Druck und Stress.

②
Die Kröte schlucken

Nimm die Aufgabe in Angriff, ohne lange darüber nachzudenken.
Bringe sie zu Ende.

③
Nicht aufschieben

Erledige die Aufgabe früh morgens, wenn es im Büro noch ruhig ist.
Dann hast du einen klaren Kopf und genug Willenskraft.

④
Zwei oder mehr Kröten

Stehen mehrere wichtige Aufgaben an,
nimm dir die größte zuerst vor.

Wenn die schwierigen Aufgaben erledigt sind, darfst du zufrieden
mit dir sein. Vielleicht kannst du den Schwung gleich für
weitere Aufgaben nutzen. Halte aber deinen Zeitrahmen ein.
Du willst ja cleverer arbeiten, nicht härter. Lege nach jeder Aufgabe
eine Niksen-Pause ein, um klar und konzentriert zu bleiben.

Niksen im Urlaub

Endlich Urlaub! Alles ist vorbereitet. Du hast ein tolles Hotel mit Pool und Wellnessbereich gebucht. Das wird eine erholsame Zeit – du wirst lecker essen, lesen und nichts tun. Aber nach der Ankunft stellst du fest, dass dir das Abschalten schwerfällt.

Tatsächlich beschränkt sich die Erholungszeit in einem einwöchigen Urlaub auf wenige Tage. Es kann bis zu drei Tagen dauern, bis man wirklich heruntergefahren ist, und bevor der Urlaub endet, ist man bereits wieder mit dem beschäftigt, was zu Hause zu tun sein wird.

Darum ist es in vielen niederländischen Unternehmen Pflicht, dass die Beschäftigten mindestens einen 14-tägigen Urlaub im Jahr nehmen.

Selbst wenn zwei Wochen Urlaub für dich nicht möglich sind, können die folgenden Vorschläge dir helfen, schneller in den »Urlaubsmodus« zu kommen.

Vor der Abreise nur das Nötigste tun

Leerst du normalerweise deinen Posteingang? Kontrollierst du dreimal, ob deine Urlaubsvertretung über alles informiert ist? Räumst du die Spülmaschine aus, bevor du gehst?
Dann denke daran, dass du in einer Woche wieder da bist. Tue, was du kannst, aber *goed is goed* (»gut ist gut genug«). Klopfe dir auf die Schulter und gönne dir Erholung.

Kein Kontakt zum Job

Wenn du das Handy und vielleicht den Laptop mitnehmen willst, deaktiviere vorübergehend dein E-Mail-Programm und die sozialen Medien. So ist die Versuchung geringer, schnell einmal nachzuschauen, was zu Hause geschieht.
Du bist im Urlaub!

Täglich niksen üben

Im Urlaub kann das Gehirn die Erholung sabotieren, weil es noch im Arbeitsmodus ist. Darum ist es so wichtig, die geistige Entspannung täglich zu üben. Der niederländische Neurologe und Autor Dr. Erik Scherder meint, dass Urlaub bei Stress nur eine vorübergehende Lösung ist. Sinnvoller ist es, im Alltag Strategien zur Stressbewältigung zu finden. Nimm dir ganz bewusst täglich Auszeiten, auch im Urlaub.

Das Gehirn ablenken

Wenn dein Gehirn nicht zur Ruhe kommt, versuche es mit einfachen körperlichen Aktivitäten, die Aufmerksamkeit fordern, aber wenig kognitive Fähigkeiten. Du kannst durch ein hübsches Städtchen schlendern, zeichnen oder schnorcheln.

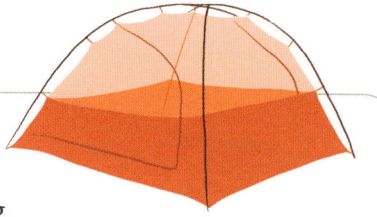

Erholsames Camping

Die Niederländer sind begeisterte Camper. Obwohl das Land eher klein ist, gibt es Tausende Campingplätze, auf denen die Menschen den Tag mit Niksen verbringen. Vielleicht hilft das einfache Leben ohne viel Luxus und Komfort dabei.

**Es gibt weder Netflix noch WLAN, weder Spülmaschine noch Spielekonsole, dafür vielleicht einen tollen Sternenhimmel, die Gerüche und Geräusche der Natur. Die »Pflichten« beschränken sich auf schlafen, essen und Geschirr spülen. Es gibt keine Termine und Erledigungen, nur jede Menge Zeit, um die Natur zu genießen, zu lesen oder den Tag zu verträumen.
Du kannst einfach nur sein.**

ÜBERALL NIKSEN

Niksen Online

Der Durchschnittsnutzer verbringt täglich zwei bis vier Stunden mit dem Smartphone. Viele von uns würden das gerne reduzieren, aber es fällt uns sehr schwer. Wie oft wurdest du schon vom Ping einer WhatsApp-Nachricht abgelenkt und hast dich dann beim Stöbern in den Instagram-Feeds von Freunden vertrödelt, auf einen Artikel geklickt, den jemand bei Facebook geteilt hat, oder gedankenlos durch Tweets gescrollt?

Wenn wir weniger Zeit mit dem Smartphone verbringen wollen, könnten wir das Display auf Schwarz-Weiß stellen oder die Benachrichtigungstöne der sozialen Medien abschalten. Aber wäre es nicht besser, wenn wir unsere Aufmerksamkeit selbst unter Kontrolle hätten? Versuche es zu genießen, eine Weile nicht erreichbar – also ungestört und nicht abgelenkt – zu sein.

Gut verdauliche digitale Diät

Besser als der radikale Verzicht auf Internetaktivitäten sind kleine Veränderungen, die dafür aber von Dauer sind. Indem du die Bildschirmnutzung reduzierst, dämmst du die Informationsflut ein, die auf dein Gehirn einströmt. Dein Kopf wird freier, du hast mehr Zeit zum Niksen. Nutze Messengerdienste nur in »leeren« Zeiten, etwa in der Bahn zur Arbeit oder im Wartezimmer des Arztes. Setze dir ein festes Limit für die Online-Zeit.

- ☼ Verlasse Gruppen, die im Grunde nur Zeit fressen. Stelle alle anderen Gruppen stumm. Manches lässt sich am Telefon schneller lösen.

- ☼ Entferne soziale Medien und Streaming-Apps von deinem Smartphone. Dein Account bleibt bestehen, aber der Zugang ist nur über den Browser möglich.

- ☼ Entdecke die analoge Langsamkeit neu. Lies mal wieder eine gedruckte Zeitung oder ein echtes Buch.

- ☼ Nutze den Flugmodus deines Handys, um abends Nachrichten und Anrufe stumm zu schalten.

- ☼ Lösche auf dem Rechner alle Anwendungen, Newsletter und Blogs, die nichts Konkretes zu deinem Wohlbefinden beitragen.

- ☼ Versuche es zum konzentrierten Arbeiten mit einer App, die vor Störungen durch das Handy schützt, die Nutzungszeit beschränkt oder den Internetbrowser blockiert.

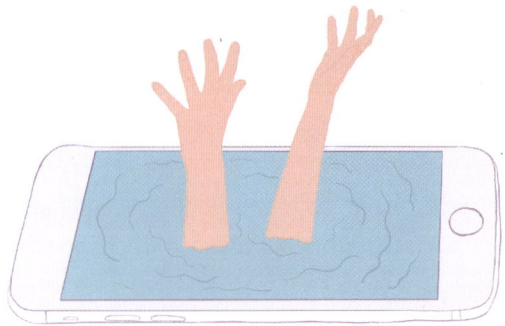

(ÜBUNG)

AUFMERKSAMKEITSDEFIZIT UND GEDANKENLOSES SCROLLEN

Achte bewusst darauf, wie viel Zeit du auf Instagram oder mit anderen sozialen Medien verbringst. Frage dich:

Ist meine Zeit gut investiert?

Ist der Gegenwert hoch genug für die Zeit, die ich aufwende?

Gibt es etwas, womit ich meine Zeit lieber verbringen würde?

Eine einfache Lösung wäre, nur zu einer festen Zeit soziale Medien zu nutzen und Nachrichten zu beantworten, statt im Lauf des Tages immer wieder zu scrollen.

NIKSEN NUR FÜR DICH

Manchmal hat man das Gefühl, als habe der Tag
einfach nicht genug Stunden, um Auszeiten
zu nehmen. Immer stehen andere Bedürfnisse über
den eigenen – ein anstrengender Job, Kinder,
ein anderes Familienmitglied, ein Haustier.
In diesem Kapitel lernst du Möglichkeiten kennen,
wie du dennoch niksen kannst.

Niksen mit mir allein

Zeit mit Freunden zu verbringen kann Spaß machen, die Gedanken von der Arbeit und von Alltagssorgen ablenken. Für eine tiefergehende Erfahrung solltest du aber mit dir allein sein. Es ist schwieriger, in Gegenwart anderer den Blick nach innen zu richten. Die folgenden Tipps und Übungen können dir helfen, Ruhe zu finden und deine Auszeiten voll auszukosten.

Nur nichts verpassen?

Wer zu Hause bleibt, wenn alle anderen feiern, führt nicht unbedingt ein langweiliges Leben. Aber auch, wenn wir uns selbst dafür entscheiden, kann uns die Angst, etwas zu verpassen (»FOMO«, *fear of missing out*), umtreiben. Man ist unruhig, scrollt in den sozialen Medien und sieht Freunde, die toll und glücklich aussehen (was sie mit dem Hashtag #bestnightever bestätigen). Und schon ist es mit der Entspannung vorbei.

So muss es aber nicht sein. Verschwende keine Zeit mit Grübeleien darüber, was du verpassen könntest.

- Gepostet wird das Positive. Das Negative siehst du nicht. Die Selfies vermitteln kein realistisches Bild von dem Event.

- Akzeptiere, dass du nicht überall dabei sein kannst. Heute hast du dich für etwas anderes entschieden – das Nichtstun zu genießen.

(ÜBUNG)

ALLEINSEIN GENIESSEN LERNEN

Du hast keine Zeit, mit Freunden Mittag essen zu gehen?
Du bist zu müde, um dich abends zu verabreden?
Nutze die Zeit bewusst für dich. Wenn du das nächste Mal
allein zu Hause bleibst, lege das Telefon in ein anderes Zimmer oder
in eine Schublade. Gönne dir etwas Schönes, für das du
deine Hände brauchst, vielleicht ein Buch oder ein heißes Getränk.
Konzentriere dich ganz darauf, und atme bewusst langsam,
um besser zu entspannen. Es wird nicht lange dauern, bis sich
»JOMO« einstellt – *joy of missing out* (Freude, etwas zu verpassen).

Zum Niksen muss der Kopf frei sein. Das lässt sich leichter
erreichen, wenn man störende Ablenkungen beseitigt und sich
ganz auf einfache Freuden einlässt.

In Kapitel 7 (siehe Seite 122) findest du weitere Aktivitäten
und Übungen, die helfen, Anspannung zu lindern und
vom Niksen wirklich zu profitieren.

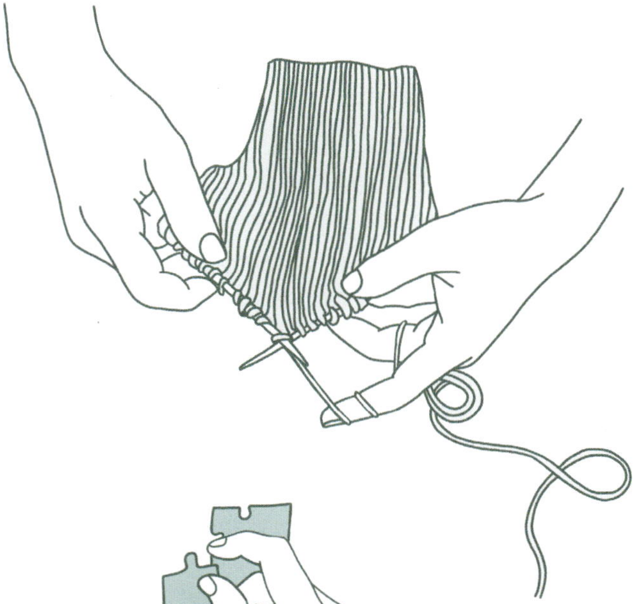

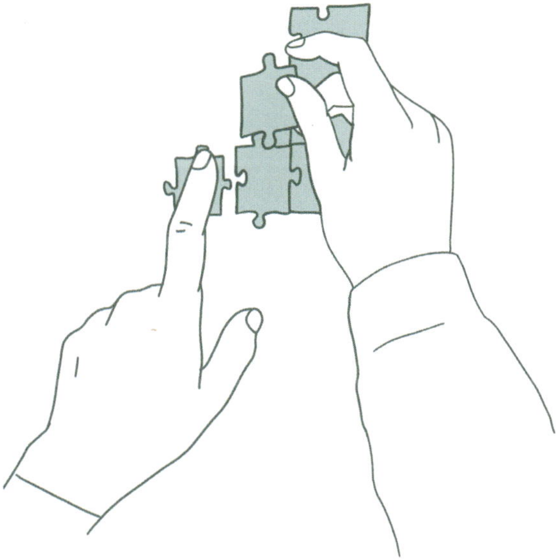

(ÜBUNG)

LEUTE BEOBACHTEN

Die Niederländer beobachten gern Leute,
sie nennen es *mensen kijken*. Wenn es im Frühling wärmer wird,
kommen alle aus den Häusern und sitzen auf den Terrassen,
die sich häufig auf beiden Seiten der Straße aneinander reihen.
So kann man gut Zeit mit sich selbst verbringen, ohne allein zu sein.

Suche dir einen Platz auf einer Terrasse oder einer Parkbank,
und beobachte die Passanten. Vielleicht fällt dir eine
schöne Jacke auf, vielleicht ein Haarschnitt oder
ein Gesichtsausdruck. Du weißt über die Menschen nur,
was du sehen kannst. Spekulieren ist aber erlaubt.

**Sind die Leute zufrieden oder traurig, gestresst oder entspannt,
interessant oder uninteressant?** Erlaube deinem Gehirn, Gründe
hinter dem Sichtbaren zu suchen und Geschichten zu erfinden.

Müssen diese Geschichten wahr sein? Keineswegs.
Aber das Geschichtenerfinden regt das kreative Denken an.

Solltest du diskret sein? Auf jeden Fall.
Starre fremde Menschen nicht an. Bei dieser Übung
geht es nicht um die anderen, sondern um dich.

(ÜBUNG)

DEN EIGENEN FLOW FINDEN

Bei einfachen Tätigkeiten, die wenig kognitive Leistung erfordern, kann man gut tagträumen. Das stärkt die Kreativität. In ihrem Buch *The Artist's Way* (*Der Weg des Künstlers*) empfiehlt Julia Cameron ihren Lesern eine wöchentliche »Kunsteinheit«.

Gemeint ist damit Zeit, die man allein verbringt und in der man etwas kreativ Anregendes tut. Selbst wenn es nur ein Spaziergang oder ein Tagtraum auf dem Sofa ist – das Alleinsein ist wichtig, damit du dich nur mit deinem eigenen Erleben beschäftigst.

Cameron meint, dass das Alleinsein kreative Blockaden beseitigen kann und dadurch hilft, Dinge aus einem anderen Blickwinkel zu betrachten.

ÜBUNG

UITWAAIEN
(DEN KOPF FREI PUSTEN LASSEN)

Wenn du gestresst, verärgert oder abgeschlagen bist,
hilft es selten, sich zu Hause zu vergraben. Gehe an die frische Luft.
Am besten bei windigem Wetter, damit die Brise dich erfrischt
und du wieder einen klaren Kopf bekommst.
Die Niederländer nennen es *uitwaaien* (auswehen).

Gehe in den Park, ins Grüne oder an den Strand,
bei jedem Wetter.

Spüre, wie der Wind deine Wangen rötet.
Wenn es regnet, springe in eine Pfütze.

Die Reset-Wirkung kann erstaunlich sein.

Niksen für Eltern

Es ist nicht immer leicht, Beruf, Familie und persönliche Auszeiten in Einklang zu bringen. Du willst deinen Job gut erledigen, den Kindern die nötige Zeit und Aufmerksamkeit widmen, deinen Teil des Haushalts übernehmen und Zeit mit dem Partner verbringen. Bei alledem vergessen wir leicht, dass wir uns auch Zeit für die eigene Entspannung nehmen müssen.

Wenn du mehr Zeit für dich brauchst, solltest du wissen, wie niederländische Eltern mit dieser Frage umgehen.

Arbeitszeit-Modelle

Die Niederländer haben die kürzeste Wochenarbeitszeit. Flexible Arbeitszeiten gelten nicht als Entgegenkommen, sondern als Grundrecht – vor allem für Eltern. Für viele Frauen ist Teilzeitarbeit eine bewusste Lebensentscheidung und kein Rückschritt auf dem Weg der Emanzipation. Das gilt vor allem, wenn sie Kinder haben. Auch niederländische Väter verteilen ihre Arbeitszeit oft auf vier Tage, um sich mindestens an einem Tag pro Woche um die Kinder kümmern zu können. Dieser Tag wird liebevoll *Papadag* (Papatag) genannt.

Dass Mütter und Väter mehr Zeit für die Kinder – und auch für sich selbst – haben, wirkt sich positiv auf das Familienleben aus und trägt sicherlich dazu bei, dass niederländische Kinder zu den glücklichsten der Welt gehören (siehe Seite 118).

Sprich mit deinem Arbeitgeber über flexible Arbeitszeiten. Wäre eine 4-Tage-Woche denkbar? Könntest du von zu Hause arbeiten oder Stunden reduzieren? Versuche, den Beruf so zu organisieren, dass du dir Elternpflichten mit dem Partner teilen kannst.

Die Elternrolle realistisch sehen

Soziologen meinen, dass niederländische Eltern ihre Rolle realistischer sehen und sich ihre Defizite eher verzeihen als Eltern in Großbritannien und den USA. Vielleicht liegt es an der *nuchtere volksaard* – dem pragmatischen Wesen –, dass niederländische Mütter selten über Schuldgefühle klagen, wenn sie wenig Zeit mit ihren Kindern verbringen. Ihnen ist klar, dass sie neben Mutterrolle und Beruf auch Zeit für sich brauchen, denn nur ein zufriedener und entspannter Mensch kann seine Elternrolle gut ausfüllen.

Niemand kann an mehreren Orten gleichzeitig sein. Manchmal braucht ein großes berufliches Projekt mehr Konzentration, zu anderen Zeiten verlangt die Familie mehr Aufmerksamkeit. Du kannst nur dein Bestes geben.

Teile deine Zeit klug ein

- ☀ Freiräume schaffen. Die Wäsche und andere Hausarbeiten können bis zum Wochenende warten.

- ☀ Hilfe annehmen. Engagiere einen Babysitter oder eine Haushaltshilfe. Wenn die Großeltern Hilfe anbieten, nimm sie an! Gewonnene Zeit kannst du mit dem Partner verbringen oder für dich nutzen.

- ☀ Zusammenarbeiten. Entwickle mit dem Partner Routinen, die Zeit sparen. Einer kann sich um die Kinder kümmern, während der andere kocht.

- ☀ Grenzen verteidigen. Keine Zeit, Kostüme für das Weihnachtsmärchen zu nähen oder Kuchen für das Sommerfest zu backen? Sage es ehrlich!

- ☀ Pendlerzeit nutzen. Höre deine Lieblingsmusik, einen Podcast, ein Hörbuch. Wenn du zu Fuß gehst, genieße den Weg als Moment, den du für dich hast.

- ☀ Morgens vor den Kindern aufstehen. Nimm dir 20 Minuten Zeit, um in Ruhe bei einem Kaffee die Zeitung zu lesen und dich auf den Tag vorzubereiten.

- ☀ Zeit für nichts. Bitte den Partner, an einem Abend mit den Kindern etwas zu unternehmen. So hast du die Wohnung für dich. Du kannst auf dem Sofa lümmeln, ein Bad nehmen – was immer du möchtest, solange es keine Pflicht ist. Es ist dein Abend!

Niksen für Kinder

Die WHO (2010), UNICEF (2007, 2013) und die OECD (2015) haben in Untersuchungen wiederholt festgestellt, dass es Kindern in den Niederlanden bemerkenswert gut geht. In einer neueren HBSC-Studie (2020) gaben 15-jährige niederländische Jugendliche überwiegend an, ein offenes, von Unterstützung geprägtes Verhältnis zur Mutter (90 Prozent) und zum Vater (81 Prozent) zu haben. Im internationalen Durchschnitt liegen die Werte bei 80 und 65 Prozent. Psychische Erkrankungen, problematische Nutzung sozialer Medien und Mobbing kommen seltener vor. Warum sind niederländische Kinder so zufrieden? Es gibt Hinweise darauf, dass Niksen für Kinder ebenso wichtig ist wie für Erwachsene.

Endlich Montag

In Großbritannien und in den USA haben viele Kinder am Wochenende Hausaufgaben zu erledigen. Danach werden sie zum Fußballtraining, Schwimmunterricht, Klavierstunden oder Japanischkurs gefahren. Denn die Eltern wollen ihren Kindern den besten Start ins Leben ermöglichen.

Niederländische Eltern sehen das lockerer. Die Kinder dürfen draußen spielen und ohne Begleitung bei jedem Wetter mit dem Fahrrad zur Schule fahren. Der Termindruck durch zusätzliche Aktivitäten ist geringer. Kinder werden in den Niederlanden nicht als empfindliche, unselbstständige Wesen betrachtet, die ständig überwacht werden müssen. Vom *betutteling* (Verhätscheln) hält man wenig. Schon dadurch geben niederländische Eltern ihren Kindern mehr Raum zum Niksen.

Eltern und Ehrgeiz

Man kann sich fragen, ob so eine Kindheit dem späteren beruflichen Vorankommen nützt. Wie alle Eltern haben auch die Niederländer große Ambitionen für ihre Kinder, sie bewerten Glück und Sozialkompetenz aber höher als die ehrgeizige Förderung von Talent oder akademischer Leistung.

Viele Niederländer sind überzeugt, dass ein glückliches Kind, das spielen darf, mit größerer Wahrscheinlichkeit zu einem unabhängigen, sozialen und so letztlich erfolgreichen Menschen heranwächst. Kinder werden nicht zu Hobbys oder Aktivitäten gedrängt, die ihre Eltern »nützlich« finden. Wenn sie lieber mit Freunden Fußball spielen wollen, statt Klavierstunden zu nehmen, ist das in Ordnung. Niederländische Kinder haben zudem weniger Hausaufgaben (und damit mehr freie Zeit) als Schüler in Großbritannien oder den USA.[1] Wenn du meinst, dein Kind ständig unterhalten oder fördern zu müssen, erinnere dich an deine Kindheit: Langeweile bewirkt, dass Kinder kreativ werden und sich etwas ausdenken, das ihnen Spaß macht.

Dazu gibt es konkrete Zahlen. Eine umfangreiche Studie des niederländischen Centraal Bureau voor de Statistiek (CBS) hat 2015 ergeben, dass 94 Prozent der 12- bis 18-Jährigen sich als glücklich und zufrieden bezeichnen. Ein OECD-Bericht von 2018 zeigte bei den 11- bis 15-Jährigen eine Lebenszufriedenheit von über 93 Prozent.

---

1   Der Studie *Health and Behaviour in School-aged Children* (HBSC/WHO, 2010) zufolge erfahren niederländische Kinder relativ wenig schulischen Druck (5 %), verglichen mit Kindern in Großbritannien (15 %) und in den USA (18 %).

Vorbild sein

Streiche ein oder zwei Dinge aus deinem Pflichtenkatalog. Wer Kindern erklärt, dass Ruhe und Entspannung wichtig sind, sollte das auch vorleben. Zeige Kindern, dass Auszeiten eine notwendige Form der Selbstfürsorge sind. Besprich mit dem Kind, was es am liebsten tut, und versuche, Aktivitäten, an denen es weniger Freude hat, zu verschieben oder wegzulassen. Verbringt die gewonnene Zeit – nur ihr beide – mit Beschäftigungen, die ihr genießt. Ihr könntet ein Buch lesen oder einen Spaziergang unternehmen. Kinder sollten üben, sich selbst zu beschäftigen. Auch durch Langeweile können sie eine Menge lernen.

Ruhe ist wichtig

Untersuchungen zufolge schlafen niederländische Kinder viel. Eine 2015 im *European Journal of Developmental Psychology* veröffentlichte Studie ergab, dass niederländische Kinder in der zweiten Hälfte des ersten Lebensjahrs zufriedener und leichter zu beruhigen sind, während Kinder in den USA aktiver und lauter sind. Die Forscher vermuten, dass unterschiedliche kulturelle Werte der Eltern die Ursache sind. Eltern in den USA ist es wichtig, dass die Kinder viele verschiedene Erfahrungen sammeln, um dadurch unabhängiger zu werden. Niederländische Eltern binden Kinder eher in häusliche Aktivitäten ein. Für sie haben Ruhe, Regelmäßigkeit und Niksen den höheren Stellenwert.

(ÜBUNG)

GEMEINSAM ZÄHNE PUTZEN

Das gemeinsame Zähneputzen ist ein schönes kleines Ritual, mit dem Kinder Selbstfürsorge lernen und gleichzeitig einen ruhigen Moment zu zweit genießen können.

Das Zähneputzen gehört ohnehin zur täglichen Routine, und die ruhige Gemeinsamkeit hilft, das Kind auf die Nachtruhe vorzubereiten.

EIN LEBEN LANG NIKSEN

Herzlichen Glückwunsch!
Du hast ein großes Stück des Weges geschafft.
Du hast gelernt, Prioritäten zu setzen,
Freiräume im Terminplan zu schaffen und
deine Zeit zum Niksen klüger zu managen.
Im letzten Kapitel findest du Tipps, wie du
das wohltuende Nichtstun auch in Zukunft
erfolgreich kultivieren kannst.

Wie tut man »nichts«?

Du hast dir zeitliche Freiräume geschaffen und möchtest dir nun erlauben, nichts zu tun. Aber das ist anfangs gar nicht so einfach – vor allem, wenn man daran gewöhnt ist, ständig etwas zu tun zu haben. Fange mit wenigen Minuten an. Halte das Unbehagen aus und steigere dich langsam auf eine Stunde oder mehr am Tag. Die folgenden Übungen können dir dabei helfen.

Aktive Entspannung

Wenn du unruhig bist und ständig grübelst, kannst du deinen Geist ablenken, indem du Entspannungsrituale mit Bewegung kombinierst. Denkbar wäre ein Spaziergang durch die Stadt, meditative Bewegungsformen wie Yoga oder Tai Chi, aber auch progressive Muskelentspannung (siehe Seite 69).

Passive Entspannung

Entspanne den Körper, und konzentriere dich auf das, was du hörst, fühlst, siehst oder riechst. Unsere Sinne können uns bei der tiefen Entspannung gut helfen. Weitere Möglichkeiten sind ein Body Scan (siehe Seite 126), eine Massage, klassische Musik hören oder eine Visualisierungsübung (siehe Seite 55). Du kannst auch einfach den Bewegungen des Laubs im Wind oder dem Ziehen der Wolken zuschauen und den Geist dabei wandern lassen.

ÜBUNG

BODY SCAN

Diese klassische Entspannungsübung erleichtert das Abschalten nach einem anstrengenden Tag und hilft dabei, die Signale, die dein Körper sendet, besser wahrzunehmen. Sie eignet sich hervorragend als »Brücke« zwischen dem Pflichtprogramm und der persönlichen Auszeit. Mit einem entspannten Körper und einem ruhigen Geist ist es leichter, sich in Momente des Niksens sinken zu lassen.

Wer möchte, kann diese Übung im Gehen durchführen.
Hier wird der Ablauf im Liegen erklärt.

SCHRITT 1 Suche dir einen ruhigen Platz. Nimm die Umgebung bewusst wahr, etwa den Wind, der über dein Gesicht streicht, oder den Duft von gemähtem Gras.

SCHRITT 2 Die Hände auf den Bauch legen, auf die Atmung konzentrieren. Spüre, wie die Luft in den Körper strömt.

SCHRITT 3 Weiter ruhig und entspannt atmen. Die Aufmerksamkeit auf die Füße richten. Nicht bewegen, nur die Füße bewusst wahrnehmen.

SCHRITT 4 Wenn du von Geräuschen, Gerüchen oder Gedanken abgelenkt wirst, gib dem nicht nach. Konzentriere dich wieder auf deinen Körper.

SCHRITT 5 Wandere mit der Wahrnehmung langsam aufwärts, Knöchel, Waden, Knie und so weiter, bis zum Gesicht.

Das Schöne suchen

Tiefe Entspannung fördert die Kreativität.
Um sie zu erreichen, sollte auch dein Geist mit
inspirierenden, fantasievollen Reizen beschäftigt sein.
Umgib dich mit schönen Bildern, höre Musik, oder gehe in die
Natur, um zur Ruhe zu kommen und die Sinne anzusprechen.

Wenn ich allein zu Hause bin, liege ich gern auf dem Sofa und schaue meine *Birds* an. Das Bild des japanischen Künstlers Hidenori Mitsue habe ich vor Jahren gekauft. Inspiriert ist es von dem Gemälde *Der Distelfink* (1654) des Delfter Malers Carel Fabritius – und es fasziniert mich immer wieder. Ich beobachte, wie sich seine Farben und Schatten im Licht, das durch die hohen Fenster fällt, verändern. Manchmal stelle ich mir vor, dass sich die Vögel von der Leinwand lösen und durch das Fenster davonfliegen.

Wenn du in einem hässlichen Büro festsitzt und einen Plan B brauchst, nutze deine Fantasie. Schönheit lässt sich auch in einem Tagtraum finden – oder hole dir deinen Lieblingsort vor dein geistiges Auge.

(ÜBUNG)

WOLKEN JAGEN

Die Niederländer sind stolz auf ihren schönen Wolkenhimmel, den zahlreiche große Künstler – von Brueghel und Rembrandt bis zu Vermeer und van Gogh – auf Leinwand verewigt haben. Vielleicht ist diese Begeisterung nur eine Methode, über die eher langweilige Landschaft hinwegzusehen. Auf jeden Fall kann man wunderbar niksen, indem man den Wolken zuschaut.

Nimm eine Decke und eine Kanne Tee mit. Lege dich auf den Rücken und warte ab, welche Geschichten dir zu den ziehenden Wolken einfallen.

Meditatives Werken

Wenn Meditation dir nicht liegt, kannst du auch beim Stricken oder Quilten meditieren. Solche Tätigkeiten helfen, Stress und Anspannung abzubauen, darum solltest du sie nicht gleich von der Hand weisen. Weil sich beim Stricken und Quilten die Bewegungen rhythmisch wiederholen, stellt sich ein »Flow« ein, der nachweislich die Stimmung hebt und Anspannung lindert. Die Konzentration auf die Tätigkeit ist ein hilfreicher erster Schritt, um die Gedanken treiben zu lassen.

Den Begriff »Flow« hat der Psychologe Mihály Csíkszentmihályi als »Zustand der Konzentration und völligen Hingabe an den Moment und die augenblickliche Tätigkeit« definiert. Man ist so mit der Tätigkeit beschäftigt, dass alles andere unwichtig wird. Man fühlt sich entspannt, ruhig und kontemplativ.

Eine ähnliche Wirkung können Zeichnen oder Spazierengehen haben. Nimm dir mindestens dreimal pro Woche dafür Zeit. Dein Geist wird ruhiger werden, und das Nichtstun wird dir leichter gelingen.

Eins zur Zeit

Was auch immer du tust, bleib ganz bei der Sache. Nimm das Telefon nicht ab, wenn du Tagebuch schreibst. Räume nicht auf, wenn du dich bei Musik entspannen willst. Multitasking erfordert Energie und geistige Kapazität, und sie macht uns nachweislich unruhiger. Tue immer nur eins zur Zeit, um dein Gehirn zu entlasten. Letztlich wirst du dadurch produktiver.

Achtsamkeit für einen ungestörten Geist

Durch Meditation und Achtsamkeitsübungen kannst du lernen, deinen Geist besser zu kontrollieren und so die Wirkung von Niksen zu steigern. Ungeübte können in einer Gruppe meditieren oder eine geführte Meditation hören, um einen tiefen Entspannungszustand zu erreichen. Eine gute Möglichkeit ist auch eine einfache Beobachtungsübung (siehe gegenüber).

ÜBUNG

REGENTROPFEN AM FENSTER

Beobachte an einem verregneten Tag einmal die Tropfen, die an einer Fensterscheibe herablaufen.

Einfach dasitzen und zuschauen, wie die Tropfen auf dem Glas landen, herabfließen, auf andere treffen, zusammenfließen und ihren Weg über das Glas fortsetzen. Diese Übung kannst du zu Hause, im Auto oder im Bus durchführen. Du schaust nur ruhig den Tropfen zu und lässt die Zeit vergehen.

(ÜBUNG)

DIE ZWEI-MINUTEN-REGEL

Der Produktivitätsguru David Allen präsentiert in seinem
Buch *Wie ich die Dinge geregelt kriege* einen einfachen Trick.
Wenn eine neue Aufgabe ansteht und sie in zwei Minuten erledigt werden
kann, nimm sie sofort in Angriff. Was du vor dir herschiebst, nimmt nur
unnötig Platz im Kopf ein. Packe die Aufgabe mit voller Konzentration an.
Danach kannst du sie abhaken und mit dir zufrieden sein.

(ÜBUNG)

INSPIRATION PFLEGEN

Hast du das Gefühl, ein Teil von dir sei verloren gegangen?
Was hast du als Kind gern getan, das du heute nicht mehr tust?
Vielleicht zeichnen, lesen, schreiben oder singen?
Notiere dir Aktivitäten, bei denen du die Zeit vergessen kannst.
Ich zum Beispiel mag gern tagträumen, Gedichte lesen und
kreative Ideen zu Papier bringen.
Bewahre den Notizzettel gut sichtbar auf, beispielsweise am
Schreibtisch oder am Kühlschrank. Er soll dich regelmäßig daran
erinnern, inspirative Tätigkeiten zu pflegen.

Selbstfürsorge ist wichtig

Tägliche Auszeiten gehören zur Selbstfürsorge. Um Stress zu begegnen, müssen wir aber auch ausreichend schlafen, gesund essen, auf regelmäßige Bewegung achten und Überlastung vermeiden. Wir alle wissen das, aber nur wenige setzen es um. Sobald jemand etwas von uns möchte, wird es schwierig, die eigenen Bedürfnisse an erste Stelle zu setzen.

Körper und Geist sind untrennbar. Wer schlecht geschlafen hat, hungrig oder krank ist, wird anfälliger für Stress und negative Stimmungen. Entscheide, was du diese Woche vom Programm streichst. Wie kannst du als Kopfmensch deinen Körper besser wahrnehmen? Was kannst du tun, um besser zu schlafen?

Der frühe Vogel fängt den Wurm

2016 zeigte eine Studie der University of Michigan, dass die Niederländer länger schlafen als alle anderen Menschen auf der Welt. Das liegt nach Ansicht der Forscher daran, dass die Niederländer früh zu Abend essen, selten später als 19 Uhr. So kann der Körper die Nahrung vor dem Einschlafen verdauen. Die Studie hat auch einen Zusammenhang zwischen frühem Einschlafen und der Schlafqualität nachgewiesen. Je länger man wach bleibt, desto schlechter ist die Schlafqualität.

Versuche regelmäßig, spätestens um 23 Uhr schlafen zu gehen, und reduziere die Bildschirmnutzung nach 20 Uhr. Gut wäre es auch, eine warme Mahlzeit früher einzunehmen und spät allenfalls einen leichten Snack zu essen. Wenn du früh aufwachst, schlafe nicht wieder ein. Du wirst dich mies fühlen, wenn der Wecker klingelt. Nutze die Extraminuten lieber, um langsam wach zu werden und dich geistig auf den Tag vorzubereiten.

Wer schläft wie lange?

Land	Schlafdauer
Niederlande	8 Std. 05 Min.
Australien	8 Std. 01 Min.
Kanada	7 Std. 58 Min.
Großbritannien	7 Std. 53 Min.
USA / Spanien	7 Std. 50 Min.
Deutschland	7 Std. 41 Min.
Japan	7 Std. 30 Min.
Singapur	7 Std. 23 Min.

Quelle: Olivia J. Walch / Amy Cochran / Daniel B. Forger, »A Global Quantification of ›Normal‹ Sleep Schedules Using Smartphone Data«, *Science Advances*, Mai 2016.[1]

---

1 Der Unterschied zwischen der längsten und der kürzesten Schlafdauer ist nicht groß. Den Forschern zufolge macht aber jede halbe Stunde einen großen Unterschied in Bezug auf die Gehirnfunktion und die langfristige Gesundheit aus.

(ÜBUNG)

WOHLTUENDE BERÜHRUNG

Ein Baby beruhigt sich, wenn die Mutter es in den Arm nimmt.
Auch ein erwachsener Körper reagiert auf fürsorglich-warme Gesten.
Gerade in einer anstrengenden Phase solltest du bewusst
fürsorglich mit dir selbst umgehen, auch auf körperlicher Ebene.
Dann schüttet das Gehirn Oxytocin aus und aktiviert das
parasympathische Nervensystem, das ein Sicherheitsgefühl
vermittelt und dabei hilft, zur Ruhe zu kommen.

①
Lege dich bequem hin.

②
Die Hände reiben, bis sie warm werden.
Dreimal langsam und tief atmen.

③
Eine Hand auf das Herz legen. Spüre den sanften Druck und
die Wärme. Die andere Hand daneben legen. Nimm den
Unterschied zwischen einer und zwei Händen bewusst wahr.

④
Spüre das natürliche Heben und Senken
deines Brustkorbs beim Atmen.

⑤
Bewege die Hände in kleinen, beruhigenden Kreisen.

⑥
Nimm dir für die Übung so lange Zeit, wie du für nötig hältst.

(ÜBUNG)

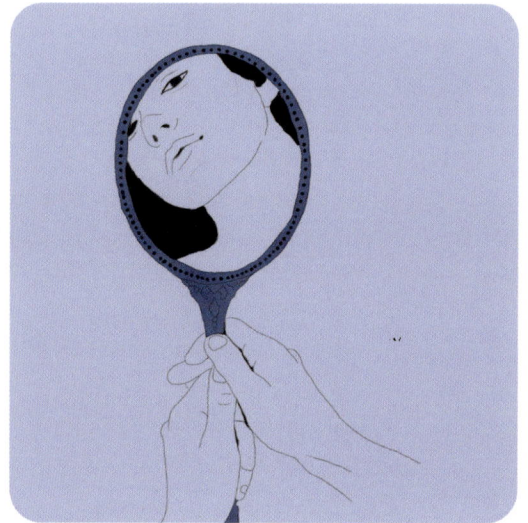

RITUALE ETABLIEREN

Ein Ritual kann ein Erlebnis aufwerten. Regelmäßige Rituale können zu einem Bedürfnis werden und Kraft, Trost oder Entspannung spenden. Rituale können etwas relativ Normales in etwas Besonderes, Wertvolles verwandeln. Zähneputzen (siehe Seite 121), Haare waschen, der Morgenkaffee oder spätes Aufstehen am Sonntag können Rituale sein. Überlege dir etwas Einfaches, das wenig kostet und das du problemlos regelmäßig ausführen kannst – als speziellen Moment für dich allein.

Die tägliche Dosis Niksen

Plane täglich mindestens eine dieser Niksen-Übungen ein. Keine Zeit? Dann lies noch einmal Kapitel 2 (siehe Seite 28).

- ☼ Hinlegen, die Augen schließen und gedanklich an den Lieblingsort »fliegen« (siehe Seite 69).

- ☼ Ans Fenster setzen und den Wolken (siehe Seite 128) oder dem Regen zuschauen (siehe Seite 131).

- ☼ An einer belebten Straße sitzen und diskret die Passanten beobachten (siehe Seite 108).

- ☼ Eine Atemübung durchführen (siehe Seite 55).

- ☼ Bewusst auf das Schöne in deiner Lieblingsmusik oder in einem Bild achten (siehe Seite 127).

- ☼ Zeit in deinem Niksen-Zimmer verbringen (siehe Seite 83).

- ☼ Einem Tagtraum nachhängen (siehe Seite 109).

- ☼ Nach draußen gehen und frische Luft tanken (siehe Seite 111).

- ☼ Die Mittagspause im Grünen verbringen (siehe Seite 88).

Niksen-Starthilfe

Wenn dir das Nichtstun schwerfällt, weil du viel im Kopf hast oder nicht ganz entspannt bist, kann eine einfache Beschäftigung, die wenig Anstrengung kostet, den Geist von den Alltagssorgen ablenken. Solche Beschäftigungen helfen, sich langsam an das Aussteigen aus dem Hamsterrad zu gewöhnen, sich zu entspannen und sich auf den nächsten Schritt – das Nichtstun – vorzubereiten.

- Eine einfache Yoga-Sequenz (etwa die »Fünf Tibeter« oder den »Sonnengruß«) mindestens zehn Minuten lang wiederholen.

- Ein einfaches Gericht ohne Kochbuch kochen.

- Kurze Sprints auf einer leeren Wiese oder einem Feldweg laufen.

- Etwas ins Tagebuch schreiben oder zeichnen.

- Versuche es mit Stricken.

- Ein Spaziergang – ohne Stadtplan oder Wanderkarte.

Für keine dieser Aktivitäten brauchst du ein Handy oder einen Computer. Lass das Gerät zu Hause oder schalte den Flugzeugmodus ein, damit du nicht durch Anrufe abgelenkt wirst.

Ich habe fast 38 Jahre gebraucht, um zu verstehen, dass man sich fürs Nichtstun nicht schämen muss. Entdecke die Freiheit, nichts zu tun und die Gedanken fliegen zu lassen, ohne darüber nachzudenken, ob du die Zeit besser mit »nützlichen« Dingen verbringen solltest.

Verstehe mich richtig: Ich versuche immer noch, eine zuverlässige Mitarbeiterin, eine liebevolle Mutter und eine gute Freundin zu sein. Manchmal geht dieser Spagat auf Kosten meiner Auszeiten. Ich arbeite noch immer abends oder am Wochenende, und manchmal bin ich selbst über meine lange Bildschirmzeit erschrocken.

Wie alle Menschen strebe ich ein Gleichgewicht zwischen Beruf, Familie und Entspannung an, um Stress und Frustration zu vermeiden. Niksen hat mir dabei geholfen, diesem Gleichgewicht näher zu kommen. Es hat meine Prioritäten und meine Wahrnehmung von Zeit verändert. Ich schaue genauer hin, wie ich meine Tage organisiere. Das hat keineswegs dazu geführt, dass ich mehr verschiebe. Im Gegenteil, ich bin motiviert, meine Pflichten möglichst effizient zu erfüllen, um so Zeit für mich zu erwirtschaften.

Ich hoffe, ich konnte dir Mut machen, Momente des Nichtstuns zu kultivieren. Wenn du das Gefühl hast, deine freie Zeit wird dir geraubt, fordere sie ein! Traue dich, Nein zu sagen. Nutze die Techniken, die in diesem Buch vorgestellt werden, um dir Freiräume zu schaffen. Genieße das Nichtstun, und erlebe die Kraft der Pause.

WEITERE INFORMATIONEN

(LEKTÜRETIPPS)

Tony Crabbe, *BusyBusy: Stresse dich nicht, lebe!*, Frankfurt a.M. 2017.

Sarah Knight, *Not Sorry: Vergeuden Sie Ihr Leben nicht mit Leuten und Dingen, auf die Sie keine Lust haben*, Berlin 2017.

Tim Reichel, *24/7-Zeitmanagement: Das Zeitmanagement-Buch für alle, die keine Zeit haben, ein Zeitmanagement-Buch zu lesen*, Aachen 2019.

Lothar Seiwert / Werner Tiki Küstenmacher u. a., *Wenn du es eilig hast, gehe langsam. Wenn du es noch eiliger hast, mache einen Umweg*, Frankfurt a.M. 2018.

Haemin Sunim, *Die schönen Dinge siehst du nur, wenn du langsam gehst*, München 2017.

(NÜTZLICHE APPS)

Calm: Achtsamkeits-App mit geführten Meditationen, Naturgeräuschen, Einschlafgeschichten und Entspannungsübungen.

Forest: App zur Einschränkung der Handynutzung. Man pflanzt einen virtuellen Baum und stellt ein, wie lange das Handy unberührt bleiben soll. Verlässt man die App vorzeitig, stirbt die Pflanze.

Stayfocusd: App- und Website-Blocker als Plugin für Google Chrome, soll Ablenkungen bei der Arbeit verhindern und die Konzentration verbessern.

Any.do oder Todoist: Apps zur Verbesserung des Zeitmanagements mit verschiedenen Funktionen wie Projekte, Listen, Erinnerungen.

DIE AUTORIN

Annette Lavrijsen war Chefredakteurin der niederländischen Zeitschrift *Women's Health*. Als freie Journalistin beschäftigt sie sich mit Themen wie Gesundheit, Psychologie und Natur. 2018 ist ihr Buch *Shinrin-Yoku – Waldbaden. Die heilende Kraft der Natur* erschienen, das in mehrere Sprachen übersetzt wurde. Sie verzichtet regelmäßig auf Handy und Internet und übt sich darin, auch Alltagssorgen zur Seite zu legen, um neue Energie und Einsichten zu gewinnen. Annette lebt abwechselnd in Amsterdam und Barcelona.

DANK

Dieses Buch konnte nur durch eine großartige Teamleistung entstehen. Vielen Dank an alle Mitarbeiter bei White Lion Publishing, die geholfen haben, Niksen zur Welt zu bringen. Besonderen Dank an die Programmleiterin Zara Anvari für ihr Vertrauen und ihre Geduld, an die Lektorin Laura Bulbeck für ihre hilfreichen Impulse sowie an Isabel Eeles für das klare, ansprechende Layout. Herzlichen Dank auch an Brittney Klein and Alissa Levy, deren schöne Illustrationen das Sahnehäubchen sind.